CRIANDO COM
Empatia

Dados Internacionais de Catalogação na Publicação (CIP)
(Jeane Passos de Souza – CRB 8ª/6189)

Lombardi, Bia
    Criando com empatia : um guia para incendiar a criatividade, conectar pessoas e transformar o mundo! / Bia Lombardi; ilustrações Renata Montenegro. – São Paulo : Editora Senac São Paulo, 2020.

    Bibliografia
    ISBN 978-85-396-3156-8 (impresso/2020)
    e-ISBN 978-85-396-3157-5 (ePub/2020)
    e-ISBN 978-85-396-3158-2 (PDF/2020)

    1. . Conhecimento humano   2. Criatividade   3. Criatividade – Desenvolvimento   4. Criatividade empática   5. Empatia   6. Autoconhecimento   7. Teoria do conhecimento   I. Título.   II. Montenegro, Renata

20-1086t   CDD – 120
                                       153.35
                            BISAC SEL009000
                                  PSY034000

Índices para catálogo sistemático:
1. Teoria do conhecimento   120
2. Criatividade   153.35

BIA LOMBARDI
Ilustrações: Renata Montenegro

CRIANDO COM *Empatia*

UM GUIA PARA INCENDIAR A CRIATIVIDADE, CONECTAR PESSOAS E TRANSFORMAR O MUNDO!

EDITORA SENAC SÃO PAULO – SÃO PAULO – 2020

ADMINISTRAÇÃO REGIONAL DO SENAC NO ESTADO DE SÃO PAULO
Presidente do Conselho Regional: Abram Szajman
Diretor do Departamento Regional: Luiz Francisco de A. Salgado
Superintendente Universitário e de Desenvolvimento: Luiz Carlos Dourado

EDITORA SENAC SÃO PAULO
Conselho Editorial: Luiz Francisco de A. Salgado
Luiz Carlos Dourado
Darcio Sayad Maia
Lucila Mara Sbrana Sciotti
Jeane Passos de Souza

Gerente/Publisher: Jeane Passos de Souza (jpassos@sp.senac.br)
Coordenação Editorial/Prospecção: Luís Américo Tousi Botelho (luis.tbotelho@sp.senac.br)
Márcia Cavalheiro Rodrigues de Almeida (mcavalhe@sp.senac.br)
Administrativo: João Almeida Santos (joao.santos@sp.senac.br)
Comercial: Marcos Telmo da Costa (mtcosta@sp.senac.br)

Edição e Preparação de Texto: Heloisa Hernandez
Coordenação de Revisão de Texto: Luiza Elena Luchini
Revisão de Texto: Karen Daikuzono
Capa e Projeto Gráfico: Bia Lombardi e marcaVIVAdesign
Diagramação: Sandra Regina Santana
Ilustrações: Renata Montenegro
Impressão e Acabamento: Edições Loyola

Proibida a reprodução sem autorização expressa.
Todos os direitos reservados à
Editora Senac São Paulo
Rua 24 de Maio, 208 – 3º andar – Centro – CEP 01041-000
Caixa Postal 1120 – CEP 01032-970 – São Paulo – SP
Tel. (11) 2187-4450 – Fax (11) 2187-4486
E-mail: editora@sp.senac.br
Home page: www.livrariasenac.com.br

© Editora Senac São Paulo, 2020

NOTA DO EDITOR

A sua chama criativa, quando conectada com as necessidades e com os desejos do outro, expande seu potencial criativo. Mas, para que a mágica ocorra, você precisa saber claramente o que inspira você. Esse é o argumento que Bia Lombardi defende, contando nesta publicação como lida com a necessidade de criar, na música, na escrita e no design, além de discutir os conceitos de talento, curiosidade, habilidade criativa e empatia – e como essa mistura boa com uma pitada de propósito pode proporcionar mais realização na vida de cada um.

Ao trazer diferentes conceitos sobre o que é criatividade e sobre como ela se desenvolve, a autora reforça o contato com o mais sensível – nossas entranhas e medos – e poético também – nosso olhar, presença e integração com o mundo. Exercícios, meditação e jogos são propostos como recursos para ativar o cognitivo e o lúdico, combustível para projetos criativos e empáticos.

Com esta publicação, o Senac São Paulo visa contribuir para que o leitor possa viabilizar projetos pessoais e profissionais, planejando-os sem deixar de lado seus verdadeiros anseios, bem como sua repercussão na sociedade.

Feche os olhos e pense na pessoa mais importante da sua vida por alguns segundos. Depois, abra os olhos devagar e deixe essa lembrança ressoar aí dentro de você por um tempo. Bom, não?

Eu quero que você sinta por este livro essa mesma sensação. Desejo que ele seja seu companheiro fiel nos próximos anos da sua vida. Conforme você for amadurecendo, sua cabeça também irá mudar, assim como sua forma de entender o mundo e seu propósito aqui. Hoje, o conteúdo deste livro tem um significado. Daqui a dois anos, as coisas podem estar um pouco diferentes. Imagine daqui a cinco anos! Onde você vai estar?

Espero ajudar nesse caminho de descoberta, fazendo você refletir sobre a importância da liberdade criativa, tanto na sua vida pessoal quanto profissional. Para isso, gostaria de convidar você para responder a uma pesquisa de satisfação. Isso mesmo, ANTES DE COMEÇAR A LEITURA. Estranho? Nem um pouco.

As perguntas começam com a sua opinião sobre o seu momento atual. Conforme os anos forem passando, quero que você volte a essas primeiras páginas e responda às mesmas perguntas. Será que algo vai mudar? Meu desejo é que você enxergue sua evolução e comemore suas futuras conquistas!

PESQUISA DE SATISFAÇÃO PESSOAL

Este livro pertence a:

Idade atual: | Daqui a 2 anos: | Daqui a 5 anos:

Profissão atual: | Daqui a 2 anos: | Daqui a 5 anos:

QUAL O SEU NÍVEL DE LIBERDADE CRIATIVA NA ESCOLA OU NO TRABALHO?

Atualmente:	Daqui a 2 anos:	Daqui a 5 anos:
● 0% - 25%	● 0% - 25%	● 0% - 25%
● 26% - 40%	● 26% - 40%	● 26% - 40%
● 41% - 55%	● 41% - 55%	● 41% - 55%
● 56% - 75%	● 56% - 75%	● 56% - 75%
● 76% - 100%	● 76% - 100%	● 76% - 100%

QUAL O SEU NÍVEL DE LIBERDADE DE EXPRESSÃO EM SUAS RELAÇÕES PESSOAIS?

Atualmente:	Daqui a 2 anos:	Daqui a 5 anos:
● 0% - 25%	● 0% - 25%	● 0% - 25%
● 26% - 40%	● 26% - 40%	● 26% - 40%
● 41% - 55%	● 41% - 55%	● 41% - 55%
● 56% - 75%	● 56% - 75%	● 56% - 75%
● 76% - 100%	● 76% - 100%	● 76% - 100%

QUE IMPACTO POSITIVO QUE VOCÊ GERA NAS PESSOAS AO SEU REDOR?

Atualmente:	Daqui a 2 anos:	Daqui a 5 anos:
● 0% - 25%	● 0% - 25%	● 0% - 25%
● 26% - 40%	● 26% - 40%	● 26% - 40%
● 41% - 55%	● 41% - 55%	● 41% - 55%
● 56% - 75%	● 56% - 75%	● 56% - 75%
● 76% - 100%	● 76% - 100%	● 76% - 100%

QUANTO O AMBIENTE AO SEU REDOR IMPACTA POSITIVAMENTE A SUA QUALIDADE DE VIDA?

Atualmente:	Daqui a 2 anos:	Daqui a 5 anos:
● 0% - 25%	● 0% - 25%	● 0% - 25%
● 26% - 40%	● 26% - 40%	● 26% - 40%
● 41% - 55%	● 41% - 55%	● 41% - 55%
● 56% - 75%	● 56% - 75%	● 56% - 75%
● 76% - 100%	● 76% - 100%	● 76% - 100%

ESTE LIVRO É DEDICADO A TODOS AQUELES QUE ENFRENTARAM O DESCONHECIDO E DESCOBRIRAM UM MUNDO NOVO!

COLE AQUI UMA FOTO QUE REPRESENTE
O SEU MAIOR MOMENTO DE CORAGEM.
VOLTE AQUI SEMPRE QUE PRECISAR DE UMA FORCINHA EXTRA.
SE VOCÊ FEZ UMA VEZ, PODE FAZER DE NOVO!

Durante a leitura deste livro (e no Caderno de exercícios), você está convidadíssimo a interagir com anotações, desenhos e observações pessoais, assim como acabou de fazer. Afinal, este é um livro sobre criatividade, não? Rascunhe, grife, rabisque e recrie usando este livro como seu instrumento pessoal de transformação.

Ah, uma outra coisa importante. Fique à vontade para compartilhar nas redes sociais os seus trechos preferidos, fotografar as citações que mais gostar e colorir as ilustrações. Peço apenas que você coloque a *hashtag* **#criandocomempatia** em suas postagens, assim poderei acompanhar tudo de pertinho!

Onde será que essas ideias podem chegar?

#criandocomempatia

SOBRE MIM E VOCÊ

Vamos começar essa viagem (que tem todo o potencial de ser muito louca, prepare-se!) com um bate-papo? Eu conto um pouco sobre mim enquanto dirijo, depois você me conta um pouco sobre você, enquanto olha a paisagem mudar pela janela. Assim, não seremos estranhos dividindo essa carona durante nossa jornada juntos neste livro, que tal?

Meu nome é Bia Lombardi e comecei minha vida profissional com uma formação e alguns anos (chatos!) de trabalho em arquitetura e urbanismo. Não me entenda mal. Eu amei estudar arquitetura, de verdade. Foi uma pena perceber que o dia a dia da profissão não se mostrou nem um pouco mágico, artístico e criativo, como os dias de faculdade.

Mas posso afirmar uma coisa a você. O que eu sei mesmo sobre mim, aqui nas entranhas, é que eu sou uma pessoa que escreve. Escrevo desde que me conheço por gente. Da paixão pelos cadernos de caligrafia da escola, passando pelas dezenas de diários que tive na vida (tanto físicos quanto virtuais), letras de músicas, até chegar a esta palavra que acabo de digitar no computador. Com-pu-ta-dor. Humm, interessante...

Seria injusto com a minha história esquecer de contar a você, além de escrever e desenhar, também transformei outra paixão de infância em profissão: a música dividida com o meu pai, nos fins de semana preguiçosos, deitados no sofá marrom lá de casa. Ela viria a mudar a minha vida de uma maneira que nunca sonhei.

Escrevo, desenho e canto profissionalmente há vinte anos. Sou alguém que vive cotidianamente a minha criatividade. Essa paixão me levou a ler e pesquisar muito sobre o tema. Lembro com angústia dos meus 20 e poucos anos, vividos entre tantos interesses e nenhum "foco". Pelo menos era assim que me viam e foi assim que passei um bom tempo me enxergando também, como uma pessoa perdida.

Os anos passaram (ah, o tempo!), continuei trabalhando minhas múltiplas habilidades e fui compreendendo que a "maldição" de ser multifuncional era, na verdade, a maior bênção de todas.

Com o meu amadurecimento, aprendi que podia misturar todos os meus conhecimentos em projetos bacanas, unindo as minhas habilidades em design, fotografia, escrita e música. Quando percebi que podia fazer isso, a angústia passou. Entendi que meu "foco" está em ser uma pessoa livre, criativa e empreendedora. Eu sou exatamente quem eu deveria ser.

De lá para cá, já lancei diversos projetos pelo meu estúdio de design gráfico e digital, chamado marcaVIVAdesign, fui coautora do programa on-line de aperfeiçoamento pessoal e de planejamento de metas chamado *Rock your life*, lancei o projeto *Incendeie seu gênio criativo* (de onde este livro e cursos on-line sobre pensamento criativo surgiram), além de cantar em várias bandas como a Hellene, minha atual frente de trabalho musical.

Todos esses meus projetos criativos já inspiraram a vida de milhares de pessoas, e eu sou muito grata por isso.

Meu desejo é que este livro provoque a mesma sensação de liberdade, autoconhecimento e transformação em você.

AGORA É A SUA VEZ! CONTE-ME UM POUCO SOBRE VOCÊ? NÃO ESCONDA NADA, ABRA O CORAÇÃO. SOU TODA OUVIDOS:

É MUITO BOM PÔR TUDO PARA FORA
E ALIVIAR O CORAÇÃO, NÃO?
AGORA PODEMOS SEGUIR VIAGEM.

SUMÁRIO

INICIAÇÃO 21
- O QUE VOCÊ NÃO VAI APRENDER POR AQUI: ATALHOS MÁGICOS! 26
- O QUE VOCÊ VAI APRENDER AQUI: RISCAR O FÓSFORO SEM MEDO! 27
- ALGUMAS CONSIDERAÇÕES IMPORTANTES 28

I – SIM, É TUDO COISA DO SEU CÉREBRO 33
- O CÉREBRO ICONOCLASTA 36
- TRÊS FORMAS DE ATIVAR A CRIATIVIDADE 37
- TRANSFORME O SEU CÉREBRO NO MR. UNIVERSO, SEM UMA GOTA DE SUOR! 43

II – SEM CORAÇÃO, NÃO HÁ TRANSFORMAÇÃO 67
- DEFININDO O SUCESSO DE UMA EMPREITADA 74
- MAS E O TALENTO, COMO FICA? 76

III – CONFIE NAS SUAS ENTRANHAS 79
- DE CIMA PARA BAIXO E DE BAIXO PARA CIMA 82
- MEDITAÇÃO PARA ESPAIRECER A CABEÇA 86
- BENEFÍCIOS COMPROVADOS PELA CIÊNCIA 87
- A IMPORTÂNCIA DO FOCO POSITIVO 92
- HACKEANDO SUA MENTE 92

IV – PERNAS PRA QUE TE QUERO 95
- CRIATIVIDADE NÃO EXISTE SEM CURIOSIDADE 98
- COMO DESCOBRIR SUA PAIXÃO? 99
- FEITO É MELHOR DO QUE PERFEITO 103

V – DEIXE QUE SEUS PÉS LEVEM VOCÊ AO SEU PRÓPRIO CAMINHO... 109

DIRETRIZES PARA UMA VIDA MAIS CRIATIVAMENTE EMPÁTICA...111

CONCLUSÃO.. 119

COMO CHEGAMOS ATÉ AQUI..122

UM ÚLTIMO E IMPORTANTE AVISO: CUIDADO COM A EMPATIA COMO MARKETING!...............124

VOCÊ ESTÁ PREPARADO PARA A VERDADEIRA REVOLUÇÃO?..126

CADERNO DE EXERCÍCIOS.. 129

REFERÊNCIAS, DOCUMENTÁRIOS E SITES RECOMENDADOS................ 153

AGRADECIMENTOS.. 158

#criandocomempatia

INICIAÇÃO

Seja salvo pela criatividade empática

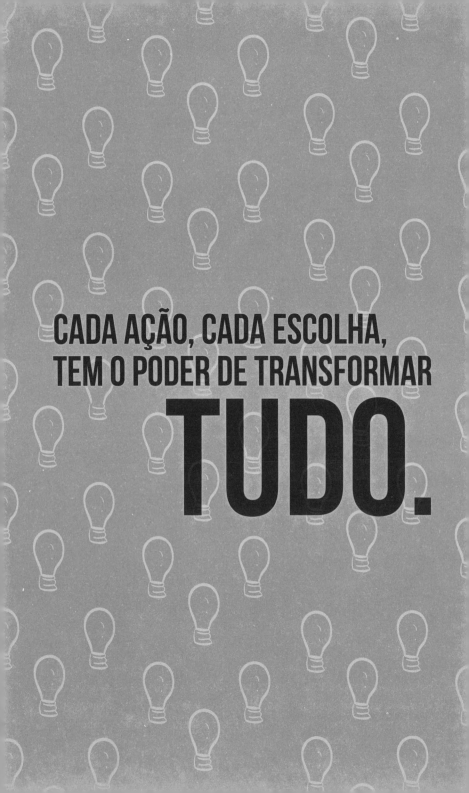

Lembro-me, como se fosse hoje, da primeira vez que cantei profissionalmente, sem ser na rodinha entre amigos da adolescência. Tinha vinte anos quando amigos em comum me apresentaram a um baixista. Ele buscava uma cantora com urgência para um evento grande. Eu, que nunca tinha cantado fora daquele pequeno círculo de amigos, me senti num filme de terror (com direito a aperto na boca do estômago e suor frio brotando das mãos) quando ouvi a pergunta: "*Você não gostaria de fazer esse show, Bia?*", dito assim, tranquilamente, como quem joga a bomba H sem fazer muito fuzuê. Aliás, obrigada, Roger! ;)

O que se seguiu depois ainda é meio nublado. Lembro de dizer "SIM" sem pensar muito, em um total acesso de loucura. Pelo menos foi o que eu pensei assim que ele foi embora... "*Pirei, só pode.*" O que eu sabia sobre cantar com estranhos, músicas que nunca havia ouvido antes, em um evento para mais gente do que eu conseguia imaginar? Se você chutou "nada", acertou na mosca! Nunca pensei que poderia fazer isso para valer. *Hobbies* saltam assim para a vida real? Aparentemente sim, se você se deixar dominar por um surto de insanidade temporária.

Só me restou estudar obsessivamente. Senti medo e o coração pulou pela boca várias vezes, durante aquela ÚNICA SEMANA de preparação. Sim, míseros, insuficientes e desesperadores sete dias.

Então, o dia do show chegou.

Tenho certeza de que essa história seria bem mais interessante se eu dissesse que foi tudo uma confusão só, um pastelão digno de pena e de algumas risadas aí do outro lado. Mas não. Tudo aconteceu como mágica. Durante aquela uma hora e meia de música, voltei ao sofá marrom de domingo, aos discos do meu pai e à alegria genuína da infância.

São vinte anos desde aquele "SIM" insano e do abraço apertado em uma das minhas musas criativas, a música, fazendo dela não só a minha arte, como a minha terapia, umas das minhas melhores expressões como ser humano.

GOSTARIA DE CONVIDAR VOCÊ A SE ENTREGAR À LOUCURA: DIGA "SIM"!
NO COMEÇO PODE SER DIFÍCIL, DEPOIS VAI FICAR BOM.
MUITO BOM.
ACREDITE EM MIM.

O propósito deste livro é atiçar sua curiosidade. Jogar gasolina, riscar o fósforo e tacar fogo mesmo, sem medo, já que é o fogo o alimento de uma vida criativa.

Esqueça a faísca ou o *insight* estrondoso, dentro da mente de um gênio solitário. Vamos falar aqui de um tipo mais acessível e real de força criativa: aquela que se enraíza e cresce com a coletividade. É o que chamarei nas próximas páginas de **criatividade empática**.

O livro em suas mãos é o resultado do meu trabalho como escritora, cantora, designer e arquiteta, atividades que envolvem a busca pelo processo criativo no meu dia a dia.

Também é fruto das minhas leituras, pesquisas e andanças pelo mundo. Minha inesgotável vontade de viajar me levou a observar como é benéfica a união entre o nosso mundo interior e o exterior, como somos parecidos e desejamos as mesmas coisas do que a maioria das pessoas. Afinal, vivemos todos na mesma casa, não? Um único planeta para bilhões de pessoas. Já está mais do que na hora de estreitarmos nossas ligações e compreendermos que devemos reorganizar nossa forma de criar, trabalhar e viver em harmonia. Isso se quisermos fazer a raça humana dar certo de verdade e não morrer na praia. Em um planeta com 4,5 bilhões de anos, nós temos de admitir que chegamos aqui aos 45 minutos do segundo tempo e que já quase explodimos tudo (literalmente) várias vezes.

A melhor parte em desenvolver a criatividade empática está no fato dela não requerer nenhum esforço sobrenatural, ao contrário do que a maioria possa imaginar. Não é magia. É apenas nossa curiosidade, percepção e senso de coletividade natural trabalhando em harmonia.

Quando buscamos fazer acontecer as mudanças desejadas em nossas vidas, aprendemos a desenvolver muitas habilidades importantes. Todas estão descritas neste livro e todas são capazes de transformar tanto você quanto as pessoas ao seu redor: **o poder da percepção e da empatia, o poder do amor, o poder de estar presente, o poder da ação e o poder de levar uma vida autoral.**

Nessa busca, você vai ver que não existem atos grandiosos ou pequenos demais. Todos nós temos o poder de transformar a nossa realidade, com pulos gigantescos ou com passos de bebê.

O QUE VOCÊ NÃO VAI APRENDER POR AQUI: ATALHOS MÁGICOS!

Que tal começarmos tirando a fantasia da frente? Não me entenda mal, mas o processo de transformação pelo qual você passará durante a leitura deste livro não vai acontecer em um estalo.

Nosso mundo supersônico e cheio de informações é responsável por quase fritar nossos cérebros. Ficamos meio mal-acostumados, concorda? Você dá um clique e recebe uma notícia publicada há poucos segundos no Japão, conecta o Skype e fala imediatamente com um amigo na Espanha. Isso é maravilhoso, sem dúvida, só que perdemos a habilidade de cultivar a paciência.

A vida deve ser construída com calma e dedicação, assim como nossas mudanças mais profundas. Temos de olhar para dentro e entender como nossos desejos se relacionam com os dos outros, com a realidade que nos rodeia e nos unifica. Esse processo leva tempo e não acontece do dia para a noite, mas é de fundamental importância se quisermos realizar um trabalho com significado e prazer na vida.

Portanto, muita calma nessa hora. Respire fundo e comece sua jornada sabendo que, sim, você tem um caminho longo pela frente, mas que será divertido, inspirador e transformador.

O QUE VOCÊ VAI APRENDER AQUI: RISCAR O FÓSFORO SEM MEDO!

A criatividade empática tem o poder de mudar a sua vida e a de cada pessoa ao seu redor. Seja resultado de um projeto global ou de uma pequena parte da sua comunidade ou tribo, como chamarei no livro esse coletivo de pessoas com a mesma mentalidade.

É como o efeito borboleta, conhece? Se uma borboleta bate asas aqui, lá do outro lado do mundo surge um furacão. É exatamente assim que estamos todos conectados. Pequenas ações podem gerar grandes transformações no futuro ou, quem sabe, até do outro lado do planeta.

Você pode ser a borboleta e contribuir na resolução de um problema global (o furacão) por meio de pequenas ações dentro do seu círculo de pessoas próximas, tornando o mundo um lugar com mais sentido, conexão e beleza.

Não há motivos para você supor que o seu esforço e a sua criatividade não valem nada: *"Ahhh, você, pobre alma solitária e insignificante"*. **Cada ação, cada escolha, por menor que seja, tem o poder de transformar tudo. Nunca duvide disso!**

Só o que peço é que você mantenha a mente e o coração abertos, tanto para mudar de opinião quanto para rever velhos conceitos e preconceitos. Ainda assim, antes de começar a sua jornada criativa e empática para valer, eu queria compartilhar com você três *insights* poderosos e que vão colocar você no passo certo para encarar sua jornada.

Pense neles como uma prévia do que você lerá por aqui!

ALGUMAS CONSIDERAÇÕES IMPORTANTES

1. TODO MUNDO É CRIATIVO

Criatividade não é uma entidade que escolhe poucos seres humanos iluminados para brindar com sua luz divina. Ela não é uma fada madrinha, nem Mefistófeles[1] que dá e pede sempre algo em troca. Você não precisa fazer nenhum tipo de pacto com o diabo para aprender a ser criativo. Acho que ouvi um "ufa" aí...

Se o *Homo erectus*, o povo descobridor do fogo, não tivesse desenvolvido a habilidade de pensar criativamente como uma de suas características mais básicas, não ocorreria o aumento do tamanho do seu cérebro e o desenvolvimento do neocórtex (parte do nosso cérebro que nos diferencia do resto dos mamíferos), ou seja, não existiria a nossa espécie *Homo sapiens*, não existiria eu ou você. Simples assim.

---

1 Mefistófeles é uma personagem satânica da Idade Média, conhecida como uma das encarnações do mal, aliada de Lúcifer e Lucius na captura de almas inocentes por meio da sedução e do encanto. Em muitas culturas também tornou-se símbolo do próprio Diabo.

Se olharmos com atenção a imagem anterior, vamos perceber que, a cada salto na evolução, o que viria a ser o futuro ser humano foi desenvolvendo sua capacidade de pensar e solucionar os problemas. Choveu? A gente constrói uma cabana! Quero quebrar esse coco? A gente desenvolve uma ferramenta pontuda de pedra para ajudar. Está frio? Quero cozinhar meu alimento? Podemos esfregar um pedaço de madeira no outro e criar o FOGO! Entende onde quero chegar com essa conversa?

Se nós estamos aqui hoje, muito mais desenvolvidos e espertos, é porque a CRIATIVIDADE está em nosso DNA, portanto, não existe isso de fulano é criativo ou não. Todos nós somos criativos!

Criatividade é a mais humana das habilidades e é ela que nos diferencia na competição com as máquinas. Quem estiver apto a propor soluções criativas para os problemas da vida estará preparado para o futuro. Seja ele qual for. Esse, sim, é o principal motivo para estudar criatividade.

A criatividade é uma energia acessível a todos, um processo físico que envolve o corpo inteiro, da cabeça aos pés. Ela se alimenta da troca entre nosso autoconhecimento e da nossa capacidade de olhar de verdade para o outro. A criatividade precisa tanto de nós para existir quanto nós precisamos dela para viver. Não é a criatividade que "baixa" em nós, somos nós que nos abrimos a ela.

Ao criarmos algo novo, damos vida a uma ideia genuinamente nossa, alimentada pelo mundo, digerida pelas nossas entranhas e devolvida por meio de nossa boca e mãos. Criatividade é introspecção e ação!

E, por favor, criatividade não tem a ver apenas com atividades e talentos artísticos. Essa é uma crença limitante. Ser o próximo Leonardo da Vinci ou o Paul McCartney não é necessário (apesar de ter certeza de que ninguém vai reclamar de pessoas com essas habilidades dando cada vez mais o ar da graça, não?).

Brincadeiras à parte, criatividade é aprender a usar a imaginação, voltar a ser criança e olhar para as coisas com genuína curiosidade, sendo você um engenheiro, um advogado ou um escritor de biscoito da sorte.

Cada campo profissional tem muito espaço para o desenvolvimento de pensamentos inovadores. Até os trabalhos mais diabólicos têm salvação.

2. A CRIATIVIDADE PRECISA DO OUTRO PARA EXISTIR

Ser criativo não é uma competição e em momento algum significa ser alguém melhor do que outro, um ser superior. Requer apenas estar presente, captar a energia do momento e a necessidade de uma determinada situação ou grupo de pessoas. Aliás, quando a competição entra em cena, eu diria que a criatividade sai pela coxia. Simplesmente porque você para de olhar para seus clientes e fica obcecado em superar a concorrência. Seu foco muda, obviamente, para o lado errado.

Quando vivemos uma vida criativa, aprendemos a nos conectar verdadeiramente com outros seres humanos, identificando as necessidades comuns a todos nós. Ninguém é criativo sozinho. Aliás, ninguém é nada sozinho. Precisamos do outro para nos inspirar e para retribuirmos inspiração, afinal estamos todos amontoados neste lindo planeta Terra. Sete bilhões de pessoas, amando, sofrendo, criando e, infelizmente, destruindo. Minha esperança é que a criatividade empática alimente parte dessas ações e coloque um freio nesse último verbo aterrorizante.

As coisas sobre as quais iremos conversar tocarão o seu coração – pelo menos, assim espero. Trataremos no livro desses conceitos tão em voga em nossa sociedade atualmente, criatividade e empatia, mas tão etéreos, a fim de compreendê-los melhor.

Se você acha que vai encontrar aqui um passo a passo que irá ensiná-lo a ser verdadeiramente criativo em duas ou mais horas de leitura, veja, não é bem assim.

INICIAÇÃO 31

Criar empaticamente só acontece olhando para dentro e para fora ao mesmo tempo. Apesar disso não acontecer num piscar de olhos, garanto que é totalmente possível. Basta você estar disposto a esquecer tudo o que sabe e voltar a ser uma criança brincando no mundo dos adultos.

3. CRIAR É SAIR DA ZONA DE CONFORTO

Estamos vivendo uma época sem precedentes, já reparou? Notícias sobre mudanças climáticas, revoluções sociais, preocupações com a qualidade da alimentação, preconceitos, sexismo e direitos humanos nunca foram tão evidentes. Se a ideia é sobrevivermos como espécie, mais unidos, teremos de trabalhar todos juntos, cada um atuando em uma parte da história que contribua para nossa evolução coletiva.

Eu acredito que cada um de nós tenha um papel importante a desempenhar no desenvolvimento deste novo mundo. Aliás, nós já estamos mudando as coisas, conscientemente ou não. Às vezes, nosso impacto é negativo, às vezes, positivo. O simples fato de existirmos e de fazermos escolhas diárias muda tudo ao nosso redor.

Está na hora de olharmos com mais consciência para essas escolhas, tomadas como rotineiras, e começarmos a viver e trabalhar de maneira mais efetiva, gerando ganhos reais para a vida de todos. Tudo é possível quando agimos com consciência e motivação. A boa notícia é que é possível, sim, chegar onde você deseja.

O SEGREDO É DAR PEQUENOS PASSOS, UM APÓS O OUTRO, COM FOCO E CORAÇÃO ABERTO.

I – SIM, É TUDO COISA DO SEU CÉREBRO

O poder da percepção e da empatia

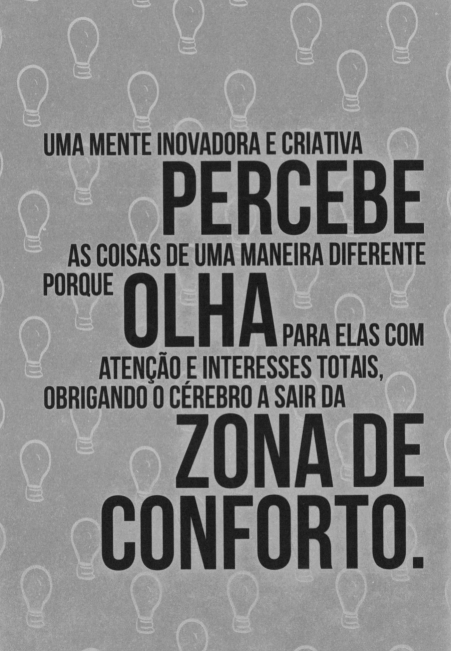

UMA MENTE INOVADORA E CRIATIVA **PERCEBE** AS COISAS DE UMA MANEIRA DIFERENTE PORQUE **OLHA** PARA ELAS COM ATENÇÃO E INTERESSES TOTAIS, OBRIGANDO O CÉREBRO A SAIR DA **ZONA DE CONFORTO.**

"Originais são pessoas que têm a iniciativa de fazer de suas visões uma realidade." – **Adam Grant (2017), psicólogo e autor americano.**

Os mistérios guardados em nosso cérebro são a chave de ouro para destrancarmos várias habilidades fundamentais do pensamento criativo. É na cabeça que se esconde a faísca inicial do fogo da criatividade e é por ela que devemos começar essa história.

Toda vez que alguém diz que não é criativo ou que não nasceu com essa "habilidade", morrem de tristeza profunda milhares de neurônios. Sim, isso foi uma minipraga. Não reclame, é para o seu bem.

A casa da criatividade é a sua mente, e todos nós nascemos com uma. Você pode não saber o que fazer com ela (todo mundo passa por uma fase dessas, acredite) mas que ela está lá, está. E destravar esses segredos e habilidades "escondidas" é a minha missão.

Como veremos nas próximas páginas, a criatividade vem de um exercício constante, uma nova maneira de enxergar o mundo e suas possibilidades. Qualquer ser humano no planeta é capaz de reorganizar suas ideias de forma a revolucionar não só o seu dia a dia como o futuro. Preparado para começar?

O CÉREBRO ICONOCLASTA

Há alguns anos, chamou minha atenção o livro O *iconoclasta: um neurocientista revela como pensar diferente e realizar o impossível*, do renomado neurocientista americano Gregory Berns. Na época, eu e minha banda estávamos compondo nosso primeiro EP intitulado *Iconoclast*. Fiz muitas pesquisas para compor a letra da música tema desse projeto, que trata justamente da iconoclastia e sua necessidade nos dias de hoje:

I.co.no.clas.ta Adjetivo
1. diz-se daquele que ataca crenças estabelecidas ou instituições veneradas ou que é contra qualquer tradição.
Dicionário Informal

O que encontrei no livro de Berns iluminou minha cabeça como um raio. Ali entendi que o pensamento inovador não é só possível de ser aprendido como pode ser replicado.

Os iconoclastas, pessoas com a capacidade de interpretar a realidade de maneira diferente e fazer o que o senso comum julga inalcançável, conseguem realizar atos inimagináveis para a maioria ao superar três dos maiores bloqueios mentais para o desenvolvimento da criatividade: **mudar a percepção que têm do mundo, superar o medo do fracasso e rejeição e aprender a desenvolver habilidades sociais (ou empatia).**

Basicamente, as pessoas com capacidade de alcançar altas metas e exercer a criatividade em sua potencialidade máxima enxergam, literalmente, as coisas de um jeito diferente da maioria. Também aprendem a dominar o medo de falhar e, por último, sabem usar como ninguém sua rede de contatos para transmitir e trocar ideias e paixões.

Nas próximas páginas, vamos ver como tudo isso funciona na prática, já que todas essas habilidades podem ser absorvidas, aprendidas e devolvidas ao mundo.

TRÊS FORMAS DE ATIVAR A CRIATIVIDADE

1. MUDE SUA PERCEPÇÃO:

Enxergue o mundo como você quer que ele seja.

#criandocomempatia

"A VIDA É OU UMA AVENTURA DESAFIADORA OU ABSOLUTAMENTE NADA."

HELEN KELLER (1957), AUTORA AMERICANA E ATIVISTA.

Imagine que o seu cérebro, o meu e o cérebro de todos os *Homo sapiens* do mundo funcionem como uma massinha de modelar, podendo crescer ou diminuir de tamanho, conforme o uso. Ele toma novas formas, junta novas cores e cria tons diferentes durante essa brincadeira.

A plasticidade cerebral, ou a capacidade do cérebro de se remodelar em função das experiências vividas por nós, durante a vida, é uma das grandes descobertas da neurociência nos últimos tempos.

Até poucas décadas atrás, acreditava-se que o tecido cerebral não tinha capacidade regenerativa e era definido apenas por sua genética. Era como nascer "condenado" a uma determinada visão de mundo ou situação.

Hoje, sabemos que o ser humano estabelece uma relação com o meio em que vive, produzindo grandes modificações em suas conexões neurais, refazendo sinapses e alterando até a quantidade de neurônios no cérebro. Essa plasticidade cerebral nos torna mais eficazes e é uma das responsáveis pela criatividade. Ela é um facilitador neurológico para o desenvolvimento de novas percepções.

Você pode (e deve) mudar a maneira como pensa e enxerga o mundo, basta aprender alguns truques. Além de exercitar os músculos da perna e fazer cinco séries de duzentos abdominais por dia, você pode exercitar o cérebro com o mesmo entusiasmo!

Antes dessa ginástica toda acontecer, é importante entender como acontece o processo de visão e de percepção da "realidade".

Como você deve imaginar, tudo começa com nossa câmera fotográfica nativa: os olhos. É por meio deles que a luz captada é projetada na retina, onde acontece o primeiro milagre: a imagem física do objeto que estamos vendo se transforma em uma imagem mental. Por meio dessa informação que chega aos neurônios, começamos a entender as características básicas do objeto, sua extensão e orientação em relação ao horizonte, assim como a sensação de profundidade, dada pela soma das imagens dos olhos direto e esquerdo.

O interessante é que todo esse processo ainda não resulta na percepção e compreensão do que vemos. Ou seja, os olhos não enxergam nadinha de nada. Você é míope mesmo sem ser. O que vai transformar esses impulsos visuais abstratos em algo "real" é o repertório que você tem acumulado aí no seu cérebro. Para isso, essa imagem mental tem de ser transportada pelos neurônios da parte de trás do nosso cérebro até a parte da frente, na direção dos lobos frontais.

Nesse ponto, a informação visual percorre dois caminhos diferentes: o principal e o secundário. O principal atravessa a parte de cima do cérebro, extraindo informações sobre onde os objetos estão localizados no espaço em relação ao corpo. O secundário é uma via que segue pelos lobos temporais, localizados acima das orelhas, e é responsável por processar a informação visual de forma a categorizar o que a pessoa vê, com base nas experiências e vivências anteriores. Nesse percurso, o cérebro se faz duas perguntas: "onde está" e "o que é". Ambos os caminhos conversam entre si durante esse processo, fazendo com que o resultado final seja uma percepção completa do que nossas "câmeras fotográficas", os olhos, estão captando.

Para finalizar o processo, acontece o que os neurologistas chamam de codificação preditiva, ou seja, embora a gente esteja com cabeça e olhos em movimento durante esse processo, o cérebro não perde de vista os objetos que estão à sua volta. Isso acontece para que ele não tenha de fazer e refazer essa imagem mental a cada movimento.

Isso mesmo, o cérebro PRESUME o que está vendo, mudando essa percepção apenas quando comete um erro.

"E o que isso tudo quer dizer?", você vai me perguntar coçando a cabeça aí do outro lado. Significa que visão e percepção são frutos do

I – SIM, É TUDO COISA DO SEU CÉREBRO

que a sua mente considera familiar, e não do que está efetivamente na sua frente. É como se você enxergasse com base em suas experiências passadas e no que você já conhece.

Segundo o neurologista Gregory Berns, a explicação para o cérebro presumir o que está enxergando, baseando-se nessa familiaridade para deduzir o que vê, é bem simples: **pura economia de energia!**

"A evolução implicou um cérebro humano que é capaz de realizar tarefas perceptivas surpreendentes, poupando energia o tempo todo. A necessidade de distinguir um amigo de um inimigo, um predador de uma presa ou de fazê-lo com a velocidade necessária para decidir fugir ou lutar significa que o cérebro teve de tomar atalhos, fazer suposições sobre o que estava vendo! Desde os mais primários níveis de processamento no sistema visual, o cérebro escolhe algumas informações que considera úteis e descarta outras." – **Gregory Berns (2009), neurologista.**

Essa máquina de pensar localizada aí em cima do seu pescoço é a grande responsável pela criação de rotinas e hábitos. Aquilo que a gente faz no piloto automático, agindo apenas por estímulo e resultado conhecido, sabe?

O lado positivo da máquina é que não temos de nos preocupar com a maneira como andamos, como comemos, como nosso coração bate, como nosso pulmão respira nem como se dirige. Quem nunca entrou no carro e chegou ao seu destino sem ter a mínima noção do caminho percorrido, simplesmente por estar com a cabeça em outro lugar?

O lado ruim é que, se nos afundamos muito nesse estilo de vida que se alimenta sozinho, nosso olhar sobre a vida torna-se viciado. Vamos perdendo a capacidade de desenvolver outras habilidades e percepções, ficando muito difícil conseguir enxergar novas oportunidades, caminhos e soluções.

Uma mente inovadora e criativa PERCEBE as coisas de uma maneira diferente porque OLHA para elas com atenção e interesse totais, obrigando o cérebro a sair da zona de conforto.

A grande prisão quando falamos da dificuldade em exercitar a criatividade é a da mente. Somos prisioneiros do que nos é conhecido, tão viciados na rotina que nem conseguimos enxergar direito outras possibilidades maravilhosas que podem estar bem à nossa frente, acenando com dez bandeiras vermelhas e um show de fogos de artifício.

TRANSFORME O SEU CÉREBRO NO MR. UNIVERSO, SEM UMA GOTA DE SUOR!

O segredo para a inovação é realizar novas conexões neurais, exercitando a capacidade plástica do cérebro. Cabe a você aprender a remodelar seus pensamentos, "enxergar" pela primeira vez as coisas, jogando fora as categorias conhecidas e criando novos mundos aí dentro da sua cabeça.

Por isso, viajar ou sair da mesmice é um dos melhores exercícios para arejar o pensamento criativo. Por um final de semana ou por um período maior. Quando você se coloca frente a pessoas, culturas e situações nunca antes vivenciadas, o cérebro é obrigado a sair do seu estado econômico e enxergar de fato o mundo. Novos sons, cheiros, línguas e sensações têm o poder de incendiar o nosso cérebro, revitalizando a mente. Novas sinapses são feitas, aumentando consideravelmente a criatividade. Quando mudamos a perspectiva do nosso olhar, o mundo muda com ela.

A ideia básica é que você dê um jeito de sair do piloto automático, **assumindo o leme do barco da sua vida, criando novos continentes e novas terras para aportar.**

No trabalho, o conceito é o mesmo. Sentar-se todos os dias à mesa e executar as suas tarefas exatamente do mesmo jeito vai deixar você a quilômetros-luz de alguma solução criativa ou inovadora para os problemas.

Domenico De Masi, sociólogo italiano, escreveu um livro nos anos 2000 muito elucidativo, chamado *O ócio criativo*. Com base em um conceito da época do Império Romano, o ócio propunha proporções iguais entre trabalho, lazer e diversão para a completa realização do homem. A ideia tradicional de trabalho como apenas uma obrigação ou dever era condenada: "O trabalho é profissão; o ócio, uma arte".

Em seu ensaio sobre a ligação entre ócio e criatividade, De Masi apostou em uma mistura de atividades, nas quais o trabalho e o tempo livre se confundiam, assim como o estudo e a brincadeira. Ele sugeriu que em toda a ação deve estar presente trabalho, jogo e aprendizado, unificados. Um exemplo? Quando der uma entrevista ou uma aula, assistir a um filme ou discutir animadamente com os amigos, sempre encontre uma maneira de agregar valor àquela situação, aliando conhecimento, divertimento e informação. Pinte fora da linha, sabe? Não é porque é trabalho que não deve haver diversão e entretenimento, aliás eu acredito que a linha divisória que ainda separa trabalho e prazer deixará de existir muito em breve.

O ócio criativo não é um conceito novo. Ele caminha conosco desde o Império Romano. A questão é que ele foi sendo abandonado aos poucos, até ser esquecido e condenado pela Revolução Industrial, para então ser retomado novamente.

Máquinas, produção e carga horária. O mundo virou de pernas pro ar na segunda metade do século XIX. O dom artesanal cedeu lugar à produção em massa. A função do homem no trabalho perdeu o foco criativo para se tornar mecanizada e padronizada. O importante era encaixar, rosquear e montar, repetindo sempre os mesmos passos, dia após dia. Robotizaram o ser humano. Se você duvida, basta assistir ao maravilhoso *Metrópolis*, de Fritz Lang, lançado em 1927, ou *Tempos modernos*, do inesquecível Charlie Chaplin, lançado em 1936.

Como saímos desta? Infelizmente, a maioria das pessoas ainda não encontrou um caminho alternativo e permanece escrava dessa maneira de encarar o trabalho: algo chato, mecanizado e doloroso, mas que precisa ser feito.

A sociedade vem cultivando, há muito tempo, a ideia de que trabalho é uma atividade da qual você não deve gostar. É algo para suportar em prol das obrigações diárias e seguir em frente.

É óbvio que isso não aconteceu de uma maneira consciente. Foi uma "verdade" passada em silêncio de geração para geração: **trabalho e prazer não se misturam**. Seja porque as pessoas deixaram-se levar por escolhas feitas pelos outros (professores, pais e conselheiros vocacionais), seja porque partiram em uma busca cega por dinheiro como única fonte de satisfação pessoal, seja, quem sabe até, pela falta de tempo e opção para descobrir quem realmente são. Afinal, ter que escolher uma profissão com apenas 17 anos é muito injusto, concorda?

Seja qual for o motivo, o prazer e a paixão não faziam parte das motivações conscientes de pessoas sérias, sendo relegados aos artistas, *hippies* e sonhadores.

Se quisermos mesmo reaprender e nos reorganizar quanto ao futuro das relações de trabalho, buscando incorporar a criatividade e a qualidade de vida entre nossas motivações, considero ficarmos de olho nos **millennials**, como é chamada a geração dos nascidos entre 1980 e 2000.

Eles desejam trabalhar para companhias que ofereçam a opção de trabalhar remotamente, por exemplo, mesmo que isso signifique salários menores. Companhias que não tenham essa flexibilidade já são vistas como antiquadas por esse pessoal. Isso porque eles já entendem a importância do ócio criativo, do tempo a mais para passar com a família e amigos, e sabem que criatividade não tem hora para "baixar". O trabalho das 9h às 18h, muitas vezes, não rende tanto quanto duas ou três horas bem trabalhadas no conforto do seu *home office*.

Segundo pesquisa feita pela Hays Brasil (LUCHESI, 2019), por conta da mudança de hábitos dos novos profissionais que entraram no mercado de trabalho na última década, muitas empresas precisaram se reinventar e planejar fortes transformações em sua organização interna.

Hoje, os jovens que procuram um emprego desejam trabalhar em um lugar que esteja de acordo com seus valores pessoais, e isso está mudando tudo! Um exemplo? Em 2017, 65% das empresas não ofereciam a possibilidade do *home office*. Um ano depois, em 2018, esse número caiu para impressionantes 49%.

Assim, para não cair na cilada de encarar o trabalho como um "mal necessário", a melhor coisa que você pode fazer para começar a gerar uma mudança na maneira como você encara o trabalho é permitir-se encontrar um prazer profundo na arte de "teoricamente" não fazer nada. Ou, como dizem os italianos, *il dolce far niente*.

2. SUPERE SEUS TEMORES:

Você tem medo de quê?

#criandocomempatia

"A COMBINAÇÃO DE PENSAMENTO E AÇÃO DEFINE A CONFIANÇA CRIATIVA: A HABILIDADE DE TRAZER À TONA NOVAS IDEIAS E A CORAGEM DE TESTÁ-LAS. NÓS ESQUECEMOS QUE NO JARDIM DA INFÂNCIA TODOS ÉRAMOS CRIATIVOS. TODOS BRINCÁVAMOS E EXPERIMENTÁVAMOS E TENTÁVAMOS COISAS ESTRANHAS SEM SENTIR MEDO OU VERGONHA. NÃO SABÍAMOS O SUFICIENTE PARA SENTIR ISSO. O MEDO DA REJEIÇÃO SOCIAL É ALGO QUE APRENDEMOS CONFORME FICAMOS MAIS VELHOS."

DAVID KELLEY E TOM KELLEY (2019), DESIGNER E DIRETOR DE MARKETING, FUNDADORES DA IDEO.

I – SIM, É TUDO COISA DO SEU CÉREBRO

MEDO: s.m. Psicologia.
Estado emocional provocado pela consciência que se tem diante do perigo; aquilo que provoca essa consciência.
Sentimento de ansiedade sem razão fundamentada; receio: medo de tomar manga com leite.
Grande inquietação em relação a alguma coisa desagradável, a possibilidade de um fracasso etc.; temor: tinha medo de perder o emprego.
P. ext. Comportamento repleto de covardia: correu por medo de apanhar.
(Etm. do latim: metus.us*)*
Dicio

Vamos começar pelo básico: **sem coragem não há criatividade**. Por isso é tão importante conversarmos sobre o papel do medo, seu oposto, no desenvolvimento da capacidade criativa.

O medo não é especial. Ele é uma emoção primitiva e baseada no instinto de autopreservação da espécie humana. É algo comum a todos nós: você, eu, seu vizinho e até aquele figurão que você tem certeza de que nunca tremeu na base. Pelo menos não na sua frente.

O problema com o medo é um só: ele faz com que você coloque todos os empecilhos do mundo para não seguir em frente com aquele projeto especial, não aceitar a nova proposta de trabalho ou até adiar a viagem dos sonhos, dificultando dez vezes mais o processo da mudança.

A pergunta que não quer calar é uma só: por que isso acontece?

Segundo estudos feitos na década de 1970 pelo psicólogo Daniel Kahneman (2012), nós somos imensamente mais sensíveis a estímulos negativos do que aos positivos. Estamos acostumados a estar muito mais atentos às desvantagens do que aos benefícios das coisas.

Provavelmente isso seja uma lembrança ancestral, lá do início de nosso desenvolvimento como hominídeos, quando tínhamos que estar 100% ligados nos perigos de uma vida ao ar livre para sobrevivermos até a próxima semana. Nada era potencialmente bom até se tornar terrivelmente ruim.

A questão é que, além de um leão rugindo a cinco metros da sua cara em uma savana africana, outro gatilho que pode despertar o medo em você é justamente a criatividade! Por quê? Porque buscar um caminho criativo é seguir tateando no escuro, dentro da caverna com uma tocha na mão. Pelo menos no começo. É enfrentar o desconhecido, algo nunca antes visto ou sentido. E nossa tendência, como diz o estudo, é imaginar o pior cenário possível nessa busca, quando tudo ainda é escuro como a noite.

Para piorar as coisas, o medo, quando alimentado, acaba convidando para dar um passeio na sua cabeça outra companheira da pesada: a ansiedade. Tudo o que a ansiedade faz é nublar a visão, pois tenta prever o impossível: o que ainda não aconteceu. **É essa mente inquieta, viajando entre o passado e o futuro, que torna, muitas vezes, a tomada de decisão um processo doloroso e quase impossível de ser conquistado, pois você nunca encontra um cenário ideal.** Tudo o que você consegue enxergar é a lista enorme de coisas que podem dar errado, o botão da autossabotagem é acionado e todas as desgraças se materializam em calafrios percorrendo sua espinha. Os sonhos, antes tão lindos, viram o monstro do Lago Ness. Sim, esse mesmo, aquele que muita gente "acha" que existe.

No entanto, a verdade é uma só, caro leitor: a única coisa impedindo você de realizar os seus sonhos e novos projetos é esse monstro imaginário. São as suas emoções tomando conta de uma parte da sua vida que deveria ser abordada de forma prática, com os prós e os contras

I – SIM, É TUDO COISA DO SEU CÉREBRO

de uma decisão que deve ser tomada com calma e desapego. Já faz tempo que deixamos de ser homens e mulheres das cavernas, não?

Quando o medo aparecer, você só tem duas opções: se entregar ou enfrentá-lo munido de papel, caneta na mão e uma mente equilibrada. Nem preciso dizer que se entregar é assassinar com uma bala no coração a criatividade latente em você. Enfrentar a fera pode não ser a tarefa mais fácil do mundo, mas pode ser feita. Aliás, bilhões de pessoas no mundo todo passam por isso, milhões de vezes por dia. Você não está sozinho.

O medo, quando bem utilizado, não paralisa. Pelo contrário, ele alerta e ajuda você a ser uma pessoa mais preparada para as mudanças da vida.

Quando você aprender a enfrentar o medo e a usá-lo em seu favor, vai se surpreender ao perceber que a maioria dos problemas tem solução. Tudo o que você precisa é traçar um plano de ação.

Em um dos webinários que ministrei no curso *Rock your life*, programa on-line de aperfeiçoamento pessoal e planejamento de metas (desenvolvido em coautoria com a coach de vida Emanuella Maria), montei uma lista com **cinco dicas para você enfrentar o medo e sair vitorioso desse embate.**

1. Mude sua perspectiva

Muitas vezes, estamos perto demais do problema, no olho do furacão, para conseguirmos enxergar quais seriam os próximos passos. Quando esse tipo de medo e cegueira temporários tomarem conta de você, quero que mude sua perspectiva. Pegue uma caneta ou um lápis e descreva em detalhes tudo o que amedronta você. Imagine que você possa dar este pedaço de papel para uma outra pessoa ler. Melhor ainda, imagine que essa pessoa seja alguém que você admira e confia. Agora peça que "ela" encontre soluções alternativas para cada um dos medos descritos nesta lista. Escreva-as, lado a lado, da sua lista de problemas. Quando terminar, respire fundo e leia todas as respostas em voz alta. Tenho certeza de que em algum momento você vai parar e dizer *"Como é que eu não pensei nisso antes?"*.

2. Busque um modelo de superação

Quando o medo nos congela, corremos o risco de nos afastar das pessoas e cair na armadilha do "isso só acontece comigo". De repente é como se estivéssemos sozinhos no mundo. Claro que isso não é real. Usando a técnica da modelagem, peço que você comece a observar as pessoas que já passaram pela mesma situação que você enfrenta hoje e que conseguiram dar a volta por cima. Pesquise e descubra quais os caminhos alternativos usados por elas, quais as soluções diferentes que encontraram para resolver esse problema tão similar ao seu. Anote quais soluções seriam mais eficientes, adicionando a sua perspectiva. O que você poderia ajustar ou fazer diferente? Você vai perceber que **milhares de pessoas também passam por momentos de dúvidas e questionamentos e saem dessa.** Você também pode!

3. Esteja presente

Se você está se sentindo travado por algum problema que acredita não ter solução, é porque você está olhando para o passado e se perguntando: *"Onde foi que eu errei?"*. Nunca se esqueça disso: o passado já aconteceu e não tem mais volta. Nem você, nem ninguém, tem o poder de alterá-lo. Aprenda com os seus erros, levante a cabeça e foque no presente. Pense em soluções práticas e realistas que podem ajudar você a sair dessa situação aflitiva. O medo se alimenta do ressentimento. Deixe o passado em paz e foque sua atenção no dia de hoje e em como trabalhar dentro da sua realidade para encontrar novas saídas. **Você vai saber que está no caminho certo quando perder o interesse em olhar para trás.**

4. Foco na solução

Sabe o que nos descongela e nos coloca em movimento quando o medo aparece? Focar nossa atenção na solução, e não no problema. Um amigo meu costumava dizer: *"Todos nós temos problemas, a diferença é que alguns focam sua atenção em resolvê-los, outros em alimentá-los".* Por isso, em vez de se perguntar o que há de errado com você ou com a situação que gera pavor, que tal pensar sobre quais ações fariam você avançar e solucionar a questão que anda tirando o seu sono? **Diante do monstro, não fique petrificado com o tamanho dos seus dentes. Coloque a cabeça para funcionar e encontre rotas de fuga.**

5. Seja realista

Os medos tendem a ser muito piores do que a realidade. Pare de fantasiar com o pior cenário. O medo de falhar é o que nos impede de pôr nossos melhores esforços em ação. O fracasso é uma possibilidade, o medo, não. Você pode escolher alimentá-lo ou superá-lo. Trabalhe com o medo no presente, esqueça o futuro. Outra coisa importante: **entenda que não existe uma solução perfeita para nenhum caso.** Ajustes serão necessários aqui e ali. Trabalhe com a realidade e lide com os obstáculos conforme eles forem aparecendo.

Ao partir em busca de uma vida que faça sentido para você, guiada pela criatividade, você irá sentir medo, e isso é um bom sinal. Significa que você está caminhando pela trilha certa. Está mudando sua percepção, olhando de verdade para dentro e para o outro. Uma vida autoral requer coragem, pois exige que você faça as coisas de um jeito diferente do que fez a vida toda e isso pode ser tenso emocionalmente.

O medo da mudança não acontece porque você é fraco, e sim porque você tem coragem de romper com o *status quo*, o estado natural das coisas. Todos sabemos que nadar contra a corrente pode ser algo bem apavorante.

No maravilhoso livro *Como mudar o mundo*, o autor John-Paul Flintoff (2012) faz uma analogia perfeita sobre como funciona o *status quo*:

> *Pense por um momento que o status quo é um rei poderoso. Feche os olhos e tente imaginá-lo. Como você sabe que ele é um rei poderoso? É por ter uma coroa grande? Um trono de ouro? Não. Esses objetos nos dizem apenas que ele é o rei. Como sabemos que ele é poderoso? Pelas pessoas que o cercam, deitadas de rosto no chão, trêmulas.*

Sonhar é lindo, mas realizar sonhos requer bater de frente com esse rei. Aprenda a não ser paralisado por ele e faça-o trabalhar a seu favor. Enfrente a vida e os opositores com coragem, sabendo que você tem tanto poder quanto eles. Só depende de você pôr um fim nesse tipo de tirania.

Abrace o que você tem de único e foque em como a sua singularidade poderá impactar a vida das pessoas ao seu redor.

"Os demônios são inúmeros, chegam nas horas mais impróprias e criam pânico e terror. Mas eu aprendi que se eu puder dominar as forças negativas e conseguir prendê-los à minha carruagem, então, eles poderão trabalhar a meu favor." – **Ingmar Bergman**, em entrevista a Xan Brooks (2001).

Aqui vai um exercício divertido para fazer! Se você repetir a mesma palavra cem vezes ela perde todo o sentido, sabia? A palavra preferida aqui de casa para fazer essa brincadeira é *pacote*. Pode tentar aí e ver que é *batata* (outra palavra excelente).

Eu quero que você escreva, repetidamente, nas linhas a seguir, a palavra que mais amedronta você na vida. Preencha cada espacinho em branco. Escreva o nome daquele temor que não sai da sua cabeça, que mostra os dentes sempre que você pensa em dar aquela virada na mesa.

Se precisar de uma forcinha extra, olhe por 10 segundos para aquela sua foto maravilhosa no início do livro e volte aqui. Se você fez uma vez, pode fazer de novo. Quando terminar, tenho certeza de que seu medo não será mais tão apavorante.

I – SIM, É TUDO COISA DO SEU CÉREBRO

3. O PODER DA EMPATIA:

Ninguém é uma ilha.

#criandocomempatia

"O PENSAMENTO CRIATIVO TAMBÉM MELHORA COM UMA INJEÇÃO DE EMPATIA, POIS ELA NOS PERMITE VER PROBLEMAS E PERSPECTIVAS QUE DE OUTRA MANEIRA PERMANECERIAM OCULTOS."

ROMAN KRZNARIC (2015), FILÓSOFO.

Como vimos, lá no começo deste capítulo, em um primeiro momento, o *insight* criativo acontece dentro da nossa cabeça, com base em nossas experiências de vida e em nossa percepção do mundo, lembra? Mas isso não quer dizer que esse seja um processo totalmente solitário. Ele precisa do outro para sair da caixola e se tornar concreto, inspirando centenas (ou, quem sabe, milhares e milhões) de pessoas ao nosso redor. Como? Com o maravilhoso poder da empatia.

Empatia ou a capacidade de entendermos a emoção do próximo significa "sentir com o coração do outro", e sua prática pode provocar verdadeiras revoluções sociais, políticas e ambientais no mundo.

Quando a **empatia** entra em cena, conseguimos "caminhar com o sapato alheio". Ter empatia é considerar a possibilidade de que pode existir uma perspectiva diferente da sua, com razões e motivos que levem você a desenvolver novas percepções, compreendendo as escolhas e motivações do outro sem julgamento.

Em 2017, o Intermuseus trouxe pela primeira vez ao Brasil o Museu da Empatia e a instalação interativa "Caminhando em seus sapatos", que aconteceu no Parque do Ibirapuera, em São Paulo. Na instalação, uma caixa de sapatos gigante estava à disposição do público, que podia calçá-los e andar pelo espaço enquanto ouvia pelo fone de ouvidos a história da pessoa à qual os sapatos pertenceram.

O objetivo dessa instalação foi transformar a maneira como olhamos para o mundo e para nós mesmos, convidando o público a repensar as relações sociais de preconceito, conflito e desigualdade.

Essa é apenas uma ideia criativa maravilhosa que surge do processo da empatia.

A empatia é uma identificação genuína com o outro, e isso vai muito além de sermos pessoas caridosas. Olhar o próximo com piedade e condescendência não resolve muito as coisas. Temos de aprender a enxergar as pessoas de uma forma holística, global, percebendo nossas similaridades, ao invés de nossas diferenças.

Todos nós somos capazes de nos envolver e nos desenvolver empaticamente. O processo empático está gravado em nosso cérebro, nos neurônios-espelho, descobertos por Giacomo Rizzolatti, na Universidade de Parma, em 1994 (TERUYA et al., c. 2014).

Ele e outros pesquisadores estudavam o sistema visuomotor de macacos Rhesus e observaram que determinados neurônios eram ativados toda vez que o macaco pegava uma comida. Durante o estudo, sem querer, eles perceberam que esses neurônios também eram ativados quando o macaco apenas via alguém pegando a comida. Por isso, os pesquisadores nomearam esses neurônios de "neurônios-espelho", pois eles refletem internamente as ações observadas.

Reproduzir mentalmente o que terceiros fazem demonstra compreensão e empatia. Além do sucesso evolutivo, os neurônios-espelho ajudaram também nossa espécie no desenvolvimento da imitação, da linguagem, do aprendizado e da cultura. Ao entrarmos em sintonia com os sentimentos de outra pessoa, assimilamos suas expressões faciais, seu tom de voz e expressão corporal. Incorporamos tudo o que o outro sente.

John-Paul Flintoff (2012) nos mostra o poder dos neurônios-espelho e como suas conexões empáticas têm o poder de transformar tudo:

Isso se deve ao fato de que, se realmente nos interessa mudar o mundo, temos que colocar os outros em primeiro lugar. Cada atitude que adotamos, cada palavra que pronunciamos e cada ato que empreendemos estabelece nossa posição em relação aos outros. Podemos estar a sós na esfera de nossos pensamentos, percepções e sentimentos, mas o mundo que desejamos mudar consiste em outras pessoas.

Quando Roman Krznaric, um dos fundadores da *The School of Life*, saiu em campanha para a divulgação do seu livro *O poder da empatia*, concedeu diversas entrevistas, citando o que considera os seis hábitos para o desenvolvimento da empatia:

1. *Cultive a curiosidade sobre a vida de outras pessoas;*
2. *Desafie preconceitos e procure perceber o que tem em comum com os outros;*
3. *Tente viver a vida de outra pessoa: "calce seus sapatos";*
4. *Ouça muito e revele seus sentimentos;*
5. *Inspire ações de massa e crie uma mudança social;*
6. *Desenvolva uma imaginação ambiciosa.*

Como você pode observar, esses itens são praticamente os mesmos princípios que regem o desenvolvimento da criatividade: **mudar sua percepção do mundo, ser curioso e não ter medo de abraçar a empatia em nossas vidas diárias.**

O mundo precisa de pessoas com a capacidade de desenvolver essas características. O mundo precisa de você!

Ao embarcar em uma conversa honesta com outras pessoas, ouvindo com o coração aberto suas questões, dúvidas e fragilidades, novos pensamentos e novas perspectivas de vida abrem-se em nossa cabeça. Muito provavelmente esses novos conceitos serão alimento fundamental para o fogo da criatividade tocar você.

Precisamos nos abrir verdadeiramente para o outro, para o desconhecido, para o que nos causa medo. Ninguém consegue ser criativo sozinho. A criatividade surge dessa troca de experiências.

Podemos perceber realidades diferentes ao nos jogarmos no mundo e conhecermos novos lugares, outros povos. Se isso não for uma possibilidade no momento, quem disse que você não pode viajar sentado na poltrona em sua sala? A arte é um excelente meio de praticarmos a empatia. Literatura, música, cinema e fotografia vêm trazendo essa discussão para a casa de milhares de pessoas.

I – SIM, É TUDO COISA DO SEU CÉREBRO

Quando você assiste a um documentário como *O sal da Terra*, sobre o trabalho do fotógrafo brasileiro Sebastião Salgado, ou quando lê *Vidas secas*, de Graciliano Ramos, é confrontado imediatamente com a vida daquelas pessoas tão diferentes da sua. É impressionante ver como elas seguem lutando, caminhando e acreditando em um futuro melhor para elas e para suas comunidades, apesar de enfrentarem diariamente cenários apavorantes para a maioria de nós.

Se quisermos realmente levar o processo da criatividade empática para dentro de nossas vidas, compartilhando nossos projetos com outras pessoas, é extremamente necessário pararmos de enxergar o outro como uma mente desprivilegiada ou como um concorrente em potencial.

Tribos não se formam baseadas na desconfiança. Na criatividade empática, em que todos se unem em prol de um bem maior, você não pode se colocar num estado de competição e condescendência. Pelo contrário, o ideal é que você se cerque sempre de pessoas motivadas.

E não sinta vergonha de espalhar por aí que você procura mentes que queiram e possam contribuir com sua causa, trabalho ou projeto. Você pode estar cercado de ajudantes em potencial, pessoas com as mesmas motivações que as suas, mas nunca saberá se não lançar suas palavras ao mundo.

Este primeiro capítulo foi puxado, né? Que tal relaxar um pouquinho pintando a mandala da próxima página? Enquanto você cria sua arte, gostaria que pensasse sobre qual dos três princípios para um cérebro criativo você tem mais dificuldade em pôr em prática: mudar sua percepção, controlar o medo e a angústia ou desenvolver o sentimento da empatia e coletividade? Quando terminar, escreva sua resposta embaixo da mandala e, em poucas palavras, justifique por que você encontra dificuldades para lidar com essa questão, que tal?

SE QUISER COMPARTILHAR SEU DESENHO NAS REDES SOCIAIS, JÁ SABE:

use a *hashtag* #criandocomempatia

#criandocomempatia

II – SEM CORAÇÃO, NÃO HÁ TRANSFORMAÇÃO

O poder do amor

Existe uma crença das pessoas, sabe-se lá por que, de que viver ou ter uma ideia criativa significa reinventar algo equivalente à roda ou à internet, um momento histórico para a humanidade, desenvolvido pela mente de um ser quase alienígena de tão visionário.

Apesar de termos alguns exemplos de que a criatividade "aparentemente" surge de mentes especiais e únicas – como Isaac Newton (com a história da maçã), Thomas Edison (que antes de inventar a lâmpada e o fonógrafo inventou uma porção de traquitanas que ninguém deu bola), Albert Einstein (que se baseou na física mecânica de Newton para contradizê-la e desenvolver sua teoria da relatividade) e Steve Jobs (que tomou partido de ideias desenvolvidas primeiro pela Xerox e Microsoft para desenvolver seus produtos), só para nomear alguns –, uma pesquisa mais profunda indicará que projetos mais significativos em suas carreiras não surgiram como combustão espontânea. Eles foram resultado direto de grandes nomes que vieram antes deles, pessoas que trilharam caminhos de descobertas incríveis e viabilizaram seus trabalhos, apontando o caminho, os erros e as soluções. É importante entender a criatividade como um processo coletivo – vou bater nessa tecla milhares de vezes!

Outra constatação importante é que **originalidade não é tudo; autenticidade, sim!** Austin Kleon, autor do livro *Roube como um artista* (2013) afirma logo no capítulo de entrada: *"Nada é original. Nada vem do nada. Todo trabalho criativo é construído sobre o que veio antes. Nada é totalmente original".*

Nós somos como antenas captando informações, energias, sensações, alegrias e dores. Ser autêntico nos dias de hoje significa absorver o mundo, as pessoas, as emoções ao nosso redor e, em um *mashup* com nossas próprias ideias, produzir algo cujo resultado inspire e melhore a vida das pessoas.

Se eu tivesse que escrever a fórmula ideal para um trabalho criativo com significado, ela seria composta por três únicos fatores:

TRABALHO (O QUE EU SEI FAZER)

\+

PAIXÃO (O QUE AMO FAZER)

\+

EMPATIA (ATENDER A UMA NECESSIDADE REAL DO PRÓXIMO)

\=

PROPÓSITO CRIATIVO E EMPÁTICO DE VIDA!

Ao chegarmos juntos à metade deste livro é hora de encararmos a verdade: não dá mais para sustentarmos uma sociedade feita de indivíduos com propósitos autocentrados em atividades que não beneficiam verdadeiramente as pessoas. Ou pior, continuar apoiando empresas e corporações que têm em mente apenas o lucro e o próprio crescimento como missão. **Criatividade empática e propósito autocentrado são conceitos antagônicos.**

Roman Krznaric, em seu livro *O poder da empatia* (2015), comenta: *"precisamos compreender que a empatia pode ser um fenômeno tanto coletivo como individual. Quando uma massa significativa de pessoas se une para dar o salto imaginativo para a vida dos outros, a empatia tem o poder de alterar os contornos da história".*

É nesse ponto que o amor nos conecta, quando entendemos que **juntos somos mais poderosos.** Criar coletivamente tem muito mais força. Criar uma tribo é uma maneira muito mais eficiente de perseguir os sonhos e ajudar os outros do que uma única pessoa fazendo malabarismos para dar conta de tudo.

Relacionamentos e confiança se alimentam um do outro. Não estou dizendo que é fácil encontrar isso num grupo. A mágica é que, quando acontece, não existe limite para o que pode ser realizado.

Juntar experiências diferentes, pontos de vistas antagônicos, ideias individuais para um bem coletivo é escrever uma história completamente diferente das que você e sua tribo viveram até aqui. Viver assim é "autorar-se" e empoderar-se, trilhando uma história inspiradora para compartilhar.

"Quando as pessoas se juntam em grupos em que a mudança parece possível, o potencial para que ela ocorra se torna mais real."– **Charles Duhigg (2012), autor do incrível livro *O poder do hábito.***

O primeiro passo para partir rumo ao encontro da sua tribo é identificar essas pessoas. Quem são? Onde vivem ou se escondem? Depois, engajar os melhores da tribo em uma conversa honesta e edificante sobre sonhos, vontades e motivação.

Essas pessoas podem ser amigos, familiares, colegas de trabalho e até totais desconhecidos numa mesa de bar. Aliás, se você anda se sentindo estagnado, mudar o círculo de convivência pode ser uma das grandes formas de arejar a mente e os pensamentos. Você pode fazer um curso novo ou algum tipo de trabalho comunitário e voluntário, que o apresentarão não só a diferentes tipos de pessoas como a novas vivências. O importante é que todos tenham o mesmo desejo de transformar o *status quo* como você!

Só uma coisa. Quando essa mágica do encontro coletivo e empático acontecer, não fique esperando alguém aparecer e abrir aquela porta mágica em direção à estrada dos tijolos dourados, ok? Seja desbravador e faça a diferença. Responsabilize-se pelo seu futuro, plantando suas próprias sementes.

Claro que todo mundo quer ter a sorte grande de ser descoberto, escolhido, ajudado. Lá no fundo, sabemos que esse tipo de sorte é uma raridade, quase um mito, porque acontece com pouquíssima gente. E, mesmo que ela encontre você, é bom pegá-lo preparado!

Sejamos honestos. Para ter a sensação de que estamos realmente fazendo a diferença e usando nossa criatividade empática, temos de abraçar nossos projetos com nossas próprias mãos. Sentir que a responsabilidade é nossa, e não alheia à nossa vontade, um mero caso de sorte.

A verdade que ninguém conta é que a maioria das pessoas que alcançou os seus objetivos contabilizou perdas e ganhos enquanto trilhava seu caminho. É muito provável que tenha partido de um "fracasso" e dali tirou lições importantes para seguir em frente, sem cometer os mesmos erros.

Será que elas sentiram medo? Provavelmente sim e, em algum ponto da jornada, perceberam que desistir não traria muitas vantagens. Conseguiram enxergar através da incerteza e entender que aquele passo para trás poderia ser uma oportunidade maravilhosa de reavaliar o caminho e continuar com os novos conhecimentos adquiridos durante a queda.

Quando o medo de falhar bater à sua porta, lembre-se disso: **o segredo para seguir em frente é acreditar em você antes que os outros acreditem!** É amar e compreender a si mesmo, suas motivações e objetivos. Com esse pensamento na cabeça, fica muito mais fácil remontar um plano de ação e saber o que tem que ser feito diferente na próxima vez.

Se mesmo assim as coisas ficarem difíceis (não se iluda, isso acontecerá eventualmente), vire a página e aprenda a importante diferença entre insistir e persistir para avaliar se o caminho escolhido ainda vale a pena:

INSISTIR *v.t.i. e v.i.*
Pedir com insistência; solicitar muitas vezes a mesma coisa: insistiu com o pai para que o deixasse comprar uma guitarra; não insistiu e perdeu a inscrição.
v.t.i. e v.i. Repetir; dar excesso de atenção a certo assunto: insistir num mesmo pensamento; insistirei até ser aprovado.
v.t.i. Dar vários e repetidos conselhos a mesma pessoa: insistia com a mãe para ir à festa; já estava exausto de insistir com o amigo para que deixasse os vícios.

PERSISTIR *v.t.d. e v.i.*
Expressar constância; continuar ou prosseguir: alguns persistem em acreditar na política.
v.pred. Manter-se de um certo modo; conservar-se: as mulheres persistem valentes.
(Etm. do latim: persistere)
Dicio

Insistir é seguir em frente como um caminhão sem freio, atropelando a tudo e a todos, sem considerar outras rotas ou opções de jornada. Quando você insiste em fazer a mesma coisa esperando resultados diferentes, fica preso em um *loop* autocentrado de dar dó. Já **persistir** envolve olhar ao redor, identificar os pontos que precisam ser mais bem trabalhados. É aprender com os erros e prosseguir mesmo com as dificuldades. É encontrar caminhos e soluções alternativas, reescrevendo o roteiro da sua vida, conforme o mundo muda junto com você!

DEFININDO O SUCESSO DE UMA EMPREITADA

Outra questão importante para esclarecermos, já que estamos falando sobre encontrar nosso propósito criativo e fazer com que ele ganhe vida, é saber qual o papel do sucesso na sua jornada. Aliás, o que é sucesso?

II – SEM CORAÇÃO, NÃO HÁ TRANSFORMAÇÃO

Antes de mais nada, é preciso separar o nosso caminho autoral do que o mundo costuma considerar "sucesso", ou seja, dinheiro, fama e *status* como objetivo final de qualquer empreitada. Sucesso é algo contagiante e inspirador, só não podemos esquecer que ele pode ter diferentes significados para diferentes pessoas. Para mim, **sucesso é fazer meus projetos e ideias atingirem o coração e transformarem para melhor a vida daqueles a quem dedico a minha criatividade.** E para você?

Claro que existem várias outras respostas para essa questão. Ser bem-sucedido, quando tratamos de criatividade empática, pode ser conseguir arrumar mais tempo para ajudar sua comunidade ou trabalhar menos horas e ter mais tempo livre para passar com sua família e amigos. Para outros, pode ser conseguir alavancar projetos entre pessoas com as mesmas percepções e vontades. Ou, quem sabe, conseguir complementar a renda familiar com um trabalho que você tenha orgulho e paixão ao realizar. Cabe a você encontrar a tribo que compartilhe da sua definição de sucesso.

Outra observação importantíssima a se fazer sobre o sucesso é o quanto ele nada tem a ver com inteligência, capacidades super-heróicas ou até mesmo com talentos e habilidades especiais.

Segundo Angela Lee Duckworth, psicóloga e pesquisadora da Universidade da Pensilvânia, em seu livro *Garra: o poder da paixão e da perseverança* (2016), o grande diferencial das pessoas de sucesso é a capacidade de serem determinadas, corajosas e de possuírem autocontrole em suas vidas:

> *Determinação é paixão e perseverança por metas de longo prazo. Determinação é ser resistente e resiliente. Determinação é manter-se conectado com seu futuro, dia sim, dia não, e não apenas por aquela semana ou mês, mas, sim, por anos. Determinação é trabalhar duro para tornar esse futuro uma realidade. Determinação é viver a vida como ela é: uma maratona, e não uma corrida de 100 metros rasos.*

Portanto, da próxima vez que você sentir medo diante da mudança, do mergulho de peito aberto rumo ao desconhecido, lembre-se de que você não está sozinho e de que conquistar o sucesso que se deseja (seja ele qual for) só depende de você, do seu foco e de sua determinação. **Não sinta medo, invista na coragem.**

MAS E O TALENTO, COMO FICA?

Assim como a inteligência, dom e talento são apenas certas habilidades e facilidades com as quais nós, seres humanos, nascemos, e não fatores determinantes de sucesso garantido ou de mentes mais criativas. Muita gente desiste antes de começar, perdida nesse tipo de crença.

Alguém pode nascer com um talento natural para a escrita e nunca ter coragem de se aventurar na vida introspectiva e desafiante do escritor, preferindo trabalhar num banco, num escritório de advocacia ou numa agência de publicidade. Ou uma criança genuinamente curiosa e inventiva pode ser tolhida pelos pais, ao longo da vida, a buscar uma carreira mais "estável e rentável", resignando-se a uma existência com 10% do seu potencial de criatividade em ação.

Uma inteligência acima da média também não garante nada se você não tiver a habilidade de se relacionar com outras pessoas e trabalhar em equipe ou, pelo menos, incluir outros em seu processo criativo. Determinação e foco são características muito mais importantes na hora de moldar uma vida bem-sucedida, criativamente falando, do que um QI elevadíssimo.

No final, é tudo uma questão de valores, constância, fé, paixão, aprender com os erros, cair, levantar e seguir caminhando. Seja você uma pessoa supertalentosa, seja inteligente, seja alguém "comum". Estamos todos nesse mesmo caminho, na busca por algo que transforme a nós mesmos e ao mundo ao nosso redor.

ESSA É A NOSSA TRIBO, A TRIBO DOS SERES HUMANOS. EM GRUPO, SOMOS MUITO MAIS PODEROSOS, DETERMINADOS E CORAJOSOS!

III – CONFIE NAS SUAS ENTRANHAS

O poder de estar presente

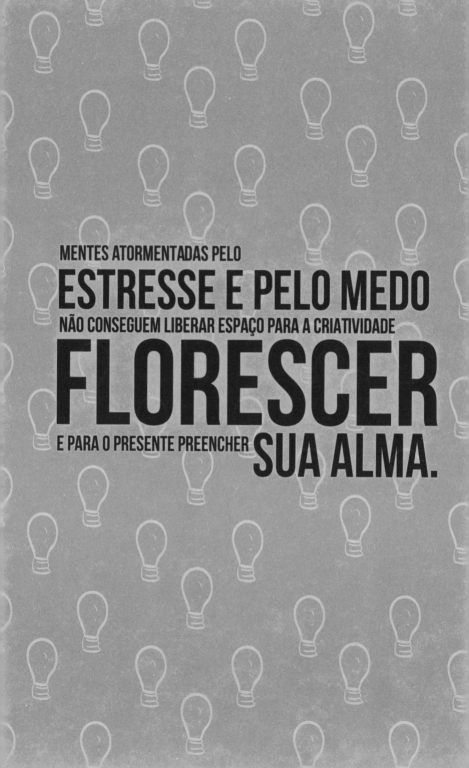

Faísca. *Insight*. *Click*. Eureca. Intuição. Consciência. Precognição. Visão. Tantas palavras para um único momento: **o vislumbre de uma ideia inovadora.**

Já vimos que o grande truque para trazer mais criatividade à sua vida é abrir a sua percepção e a visão para enxergar o de sempre de uma maneira diferente, incluir o outro nessa nova observação e não sentir medo dessa nova realidade.

Essa é uma fase que podemos chamar de captação de experiências e, apesar de ser fundamental para o processo criativo, não significa criatividade em si.

O ato de criação não vem de fora, ele mora dentro de nós. O que nossa percepção aumentada faz é trazer alimento até ele. Uma vez alimentado, cabe a você dar espaço para que esse embrião cresça e se desenvolva dentro de você, até o dia dele dar as caras pela tal faísca, *insight, click,* eureca, intuição, consciência, precognição, visão. *Capisci?* Não? Sem problemas, eu explico a você.

Para entender como esse processo acontece aí dentro da sua cabeça, precisamos entender como as ideias se formam em nosso cérebro:

– Que caminho elas percorrem?

– Que processo transforma conhecimento em *insight*?

– O que você pode fazer para ajudar sua inspiração a florescer?

DE CIMA PARA BAIXO E DE BAIXO PARA CIMA

Daniel Goleman, psiquiatra americano e autor dos livros *Inteligência emocional* (1997) e *Foco* (2014), explicou em seus trabalhos como a fábrica de ideias alocada em nossa mente funciona. Basicamente, você deve imaginar que existem duas engrenagens responsáveis pelos seus pensamentos:

PENSAMENTO *Descendente*

O que vem de fora para dentro, ou seja, nossa percepção do mundo, conhecimento, tudo aquilo que aprendemos e praticamos no dia a dia.

PENSAMENTO *Ascendente*

O que vem de dentro para fora, ou seja, a inspiração e o *insight* criativo em si, aquilo que não podemos controlar (mas que depende do alimento fornecido pelo movimento descendente, descrito anteriormente para existir).

Deu nó aí? Calma. Respira. Vou explicar direitinho a você como o seu cérebro trabalha.

Todo o nosso conhecimento sobre a vida é descendente, resultado do que você consumiu, ao longo dos anos, com seus estudos, experiências, trabalho e relação com as pessoas e meio onde vive.

Você aprende tudo isso com o seu neocórtex, a camada superior do cérebro. Quando absorvidos, esses conhecimentos "descem" e se arquivam lá na parte interior do cérebro, conhecida como circuito subcortical. É justamente esse circuito o responsável por nossa intuição e impulsos. Ele é totalmente movido pela emoção e tem a função importantíssima de fazer com que seu cérebro associe os aprendizados e conhecimentos entre si. Intuitivamente, ele mistura tudo isso e "empurra" de dentro para fora uma ideia, o famoso momento eureca!

A questão é que o pensamento descendente (conhecimento) e o ascendente (*insight* criativo) não funcionam ao mesmo tempo. Por mais que você leia, estude, trabalhe e pratique à exaustão, você tem de reservar um tempo para que essas ideias decantem aí na sua cabeça. É no silêncio, na paz da sua mente, que os pensamentos ascendentes irão se conectar entre si e formar novas ideias. Não conte para ninguém, mas esse é o segredo!

Eu sei que nessa época de sobrecarga de informações em que vivemos é cada vez mais difícil tirar um tempo para descansar a mente e trabalhar a intuição. Mas se você deseja viver uma vida mais criativa, olhando para dentro de si mesmo, desligar é a chave do sucesso.

Posso exemplificar contando como isso funciona na cabeça dos músicos, já que esse é um universo com o qual tenho bastante familiaridade.

Todos nós passamos anos ensaiando, estudando teoria musical, analisando as bandas e artistas que nos influenciam, tanto no som quanto na estética. Cada passo, como se movem pelo palco, o que dizem ao público, como dizem. Tudo isso é o pensamento descendente, é a nossa pesquisa, aquela que acontece de fora para dentro.

III – CONFIE NAS SUAS ENTRANHAS

Quando subimos ao palco, deixamos tudo isso para trás. O que você vê ali, embaixo das luzes coloridas, é pura inspiração, puro pensamento ascendente, aquele que acontece de dentro para fora.

Temos uma brincadeira interna na minha banda. Quando alguém está distraído no palco e comete um erro, a gente grita: *"Pare de pensar!"*. Ascendente e descendente não funcionam ao mesmo tempo, lembra? O mesmo vale se existir algum trecho de música que deixa você inseguro. É quando o medo e a ansiedade vêm fazer uma visitinha para gente no palco. Todo músico já passou por isso. Quando você chega perto desse momento no show, começa a pensar naquela parte difícil, nas notas certas, na impostação de voz e 99% das vezes em que isso acontece... você erra. Ba-ta-ta. Você está colocando um muro entre sua inspiração e o mundo quando faz isso, interrompendo o fluxo.

O que eu quero dizer, trazendo esse exemplo para sua vida, é que toda boa história que se preze terá sempre um momento de tensão ou a hora do bicho-papão, como costumo brincar.

Se existe algo com o qual você vai se confrontar toda vez que chegar perto da criatividade é a ansiedade, como já vimos. Ela começa como o medo da sua empreitada ou projeto não dar certo, medo do que as pessoas irão falar de você quando sua ideia não seguir o caminho traçado para ela e até medo de que tudo dê absolutamente certo, por incrível que pareça! O que você vai fazer quando esses sonhos se realizarem? Você nem chegou lá e já está tentando prever o que fazer depois. Complicado, não?

A questão é que a ansiedade ou nos faz esperar pelo pior (nossa mente pessimista, lembra?) ou é moldada por nossas experiências passadas. Se alguma coisa já foi para o brejo antes, é muito provável que você tenha um trauma interno de que isso possa se repetir novamente. É importante prestar atenção em um detalhe: o **medo e a ansiedade só existem quando estamos imersos no passado ou preocupados demais com o futuro.**

Enquanto a coragem coloca a sua esperança no presente, no positivismo, na vontade de que tudo siga o rumo que o seu coração deseja, o medo e a ansiedade ficam correndo de lá para cá, atordoados, comparando fracassos anteriores com medos futurísticos, como se você pudesse ir e voltar no tempo por um portal intergalático. Sinto informar, mas ainda não estamos assim tão evoluídos tecnologicamente.

MEDITAÇÃO PARA ESPAIRECER A CABEÇA

Uma grande ajuda para quem embarca na busca por uma vida mais presente e criativa é a meditação e a prática da atenção plena. Por meio delas, tomamos conhecimento do medo como algo a ser observado e notado, mas não vivido. Apesar de ser uma emoção comum, o medo deveria servir apenas como um alerta para ajustar nosso percurso, e não como trava das nossas ações e motivo de desespero no coração.

A maioria das pessoas acredita que a meditação trabalha apenas nossa visão interna e a contemplação do vazio. Nada mais errado. Ela tem o poder de nos ajudar a trazer à tona a prática da gratidão e a inserção do bem-estar do outro em nossos pensamentos, além de nos ensinar a separar nossas emoções ruins do mal-estar físico que elas costumam causar.

Um estilo de meditação que tem mostrado resultados excelentes nos estudos de neuropsicologia é o *mindfulness*. Nessa prática zen--budista, aprendemos que todos temos a habilidade de estar conscientes e abertos à experiência presente, sem julgamentos. Quanto maior o nível *mindfulness*, a tal da atenção plena, maior é a nossa capacidade de desenvolver a criatividade, pois aquietamos nossa mente e a deixamos livre para processar todo o nosso conhecimento descendente.

Você já passou pela experiência de estar travado em alguma questão de trabalho ou com algum problema pessoal, sem esperança alguma de solução imediata? Então, resolveu dar uma caminhada ou sair para uma pequena viagem com o objetivo de esvaziar a cabeça quando, aparentemente do "nada", teve o *insight* que deixou tudo claro como água? Isso é *mindfulness*, leitor – ou a maravilha do pensamento ascendente.

Muita gente tem esses momentos de iluminação justamente durante as atividades mais banais, quando temos de nos concentrar no que estamos fazendo, como tomar banho, lavar a louça ou cozinhar. Mentes atormentadas pelo estresse e pelo medo não conseguem liberar espaço para a criatividade florescer e o presente preencher sua alma. Por isso, é fundamental espairecer a cabeça!

BENEFÍCIOS COMPROVADOS PELA CIÊNCIA

Sara Lazar, neurocientista do Hospital Geral de Massachusetts e da Escola de Medicina de Harvard, foi uma das primeiras cientistas a pesquisar sobre os benefícios da meditação e da atenção plena, usando tomógrafos computadorizados para comprovar os resultados.

Tudo começou quando Sara e uma amiga decidiram participar da maratona de Boston. Por conta de uma lesão causada durante seu treinamento, ela se viu obrigada a abandonar o plano, mas não as atividades físicas. Seu fisioterapeuta recomendou que ela continuasse a praticar alongamentos e a fazer ioga, como forma de reabilitação pelos danos sofridos.

Logo depois das primeiras aulas, ela notou que os exercícios eram muito poderosos e começou a perceber que realmente ficava mais calma: após uma seção de ioga, sentia mais empatia e estava com a mente mais clara para lidar com situações complicadas. Ficou tão curiosa que resolveu investigar como tudo aquilo funcionava, afinal era uma cientista.

Em seu doutorado, Sara descobriu que os meditadores de longa data tinham a massa cinzenta do cérebro aumentada na região da ínsula e regiões sensoriais do córtex auditivo e sensorial. Na hora ela pensou: *"isso faz sentido, porque quando você tem atenção plena, você está prestando atenção à sua respiração, aos sons e à experiência do momento presente. Está fechando as portas da cognição (pensamento descendente). É lógico que seus sentidos são ampliados."*

Sabemos hoje que nosso córtex encolhe de tamanho com a idade. Em sua pesquisa, ela descobriu que meditadores de 50 anos tinham a mesma quantidade de massa cinzenta do que pessoas de 25 anos, ou seja, **a meditação contribui com mudanças reais na estrutura do cérebro!**

A melhor parte é que, segundo os estudos desenvolvidos de Sara Lazar, são necessárias apenas oito semanas de prática de meditação ou da atenção plena para ver resultados como melhoria da memória, do aprendizado, da regulação emocional, da tomada de decisões, da ansiedade, do medo e do estresse geral, além de um aumento considerável do sentimento de empatia.

Com a prática continuada, é possível transformar estados momentâneos de calma e tranquilidade em novos comportamentos, com o poder de atuar até sobre a nossa personalidade. Meditadores mais experientes se mostram mais adaptados, alegres, maduros, autoconfiantes e com melhor autoimagem. São também mais estáveis emocionalmente, conscientes, confiantes, relaxados e autossuficientes.

Claro que a meditação por si só não cura tudo e, se você está passando por problemas emocionais intensos, a terapia, em conjunto com a meditação, será muito mais eficiente.

Mas, como praticante da técnica da atenção plena, posso garantir uma coisa: no que tange à criatividade, a meditação é uma excelente companheira. Ela tem o poder de "calar" a nossa mente, o lugar onde os pensamentos sobre nossos medos e dúvidas se formam, e liberar espaço para que as ideias respirem.

Meditar é encontrar um tempo para apenas ser, em vez de fazer algo. É também treinar a mente para estar completamente relaxada. O benefício da prática diária está na manutenção desse estado de tranquilidade.

Nada de cegueiras e desespero na hora de enfrentar medos e problemas. Você começará a levar o estado mental da meditação para outras áreas da sua vida, encontrando mais serenidade e liberando a mente para, finalmente, ouvir a voz da sua musa inspiradora: **a voz que está sempre conversando com você.**

É O ESTRESSE DA VIDA DIÁRIA QUE NÃO DEIXA VOCÊ ESCUTÁ-LA, POR MAIS QUE ELA BERRE POR SUA ATENÇÃO.

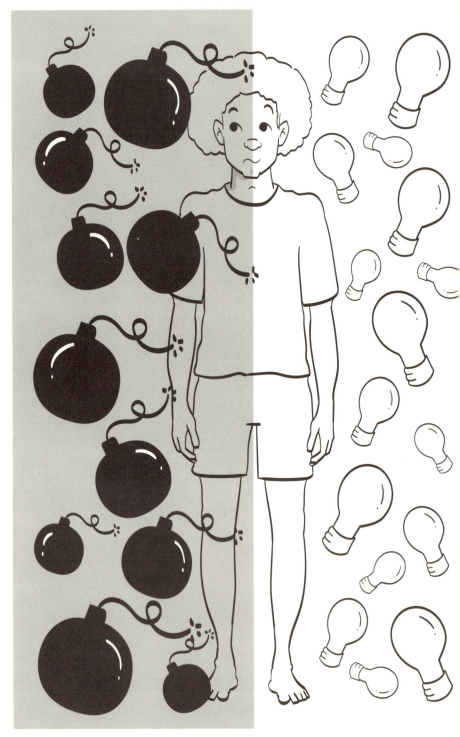

#*criandocomempatia*

Quando você está afundado em provas, treinos, compromissos em geral e outros tipos de interrupção do fluxo criativo, parece um luxo conseguir 10 ou 20 minutos por dia para meditar e acalmar a mente, eu sei.

Mas o ideal é que você coloque na tal "agenda apertada" esses minutos diários. Se você está aí pensando que isso é impossível, eu proponho uma solução bem rápida para você resolver a falta de tempo: **desconecte-se**. Sim, eu estou falando da internet.

Você precisa mesmo chegar em casa do trabalho e ficar grudado no celular até a hora de dormir? Seus preciosos minutos de silêncio e tranquilidade podem muito bem vir daí, ou quem sabe até daquela procrastinada básica que todo mundo dá no trabalho. Quando você perceber que está divagando, vendo atualizações no Facebook ou redes sociais do tipo, provavelmente seu cérebro precisa de um tempo. Atenda o desejo dele. Saia para uma caminhada rápida ou concentre--se em sua própria mesa em silêncio. Eu já meditei até em banheiro de escritório, acredite se quiser!

Você também pode trocar uma das aulas de musculação na academia por 30 minutos de alongamento ou ioga, atividades em que temos de estar totalmente concentrados no nosso corpo e bem-estar. Que tal aproveitar a caminhada noturna com seu cachorro e transformá-la em um momento de pura presença, sem a interrupção de celulares e outras vozes que o distraem durante o dia?

Tenha certeza absoluta de que você vai retomar suas atividades com muito mais atenção e foco se der tempo para a sua mente respirar e não pensar em nada, sentir apenas a sua respiração e o seu coração batendo por alguns minutos.

Você está vivo! Sinta essa energia vital. Ela é o combustível que sua mente precisa para acessar a criatividade esquecida aí dentro.

A IMPORTÂNCIA DO FOCO POSITIVO

Quando você entra em contato com sua energia vital – durante uma sessão de meditação, por exemplo –, treina a mente para manter seu foco no agora e no que está acontecendo com o corpo, percebendo (e não sentindo) o seu estado emocional naquele momento. Meditar é a prática de olhar para si mesmo como observador, e não como ator principal. É provável que sua mente divague durante o processo, pensando no que você tem para fazer naquele dia ou como resolver aquela situação que anda deixando você angustiado. A tarefa da meditação é trazer seu foco de volta ao presente, sempre que isso acontecer.

Esse exercício de ir e vir é um excelente treino mental. Quanto mais você repete, mais forte fica o músculo da atenção e da presença. É ele quem vai ajudar você a focar sua energia no pensamento positivo quando as coisas ficarem difíceis, não deixando que você seja levado pelo turbilhão de emoções negativas.

Ao praticarmos o foco positivo, aprendemos a vivenciar o restinho de luz antes do céu escurecer, sabe?

HACKEANDO SUA MENTE

Se você acha esse papo muito *hippie* e precisa de uma confirmação científica sobre o funcionamento e importância do pensamento positivo, Daniel Goleman (2014) explica:

> Quando estamos felizes, o núcleo acumbente, uma região junto ao estriado ventral, no meio do cérebro, é ativado. Essa região parece vital para a motivação e para a sensação de que o que estamos fazendo é recompensador. Ricos em dopamina, esses circuitos são os condutores dos sentimentos positivos, da luta pelos objetivos e dos desejos.

Outra afirmação impressionante é a descoberta de que imaginar uma ação é quase tão eficiente quando realizá-la! Um estudo feito por

Guang Yue, fisiologista da Fundação Cleveland Clinic, e publicado na revista *New Scientist* (COHEN, 2001), conseguiu provar exatamente isso.

Guang Yue e seus colaboradores pediram a dez voluntários, com idades entre 20 e 35 anos, para que imaginassem seus bíceps se contraindo como se estivessem em uma aula de musculação, em "treinamentos" mentais realizados cinco vezes por semana. Os pesquisadores monitoraram os impulsos elétricos dos bíceps para certificarem-se de que os voluntários não moviam os braços ou contraíam os músculos involuntariamente. A cada duas semanas, os cientistas mediram a força muscular dessas pessoas. O resultado, publicado na revista *New Scientist*, foi impressionante. Os voluntários que se imaginaram fazendo o exercício apresentaram um aumento de 13,5% de massa muscular, ganho que se sustentou por três meses após o estudo. Já o grupo de controle, que não praticou os exercícios imaginários, não apresentou melhora alguma no volume dos músculos.

Ou seja, quando fazemos ou imaginamos uma ação, várias regiões idênticas do cérebro são acionadas.

Ahora usted entiende, amigo?

É por isso que manter o foco positivo e imaginar como as coisas devem ser feitas para caminharem rumo ao sucesso desejado podem, sim, ajudar você a realizar seus planos e a construir a realidade que você tanto sonha conquistar.

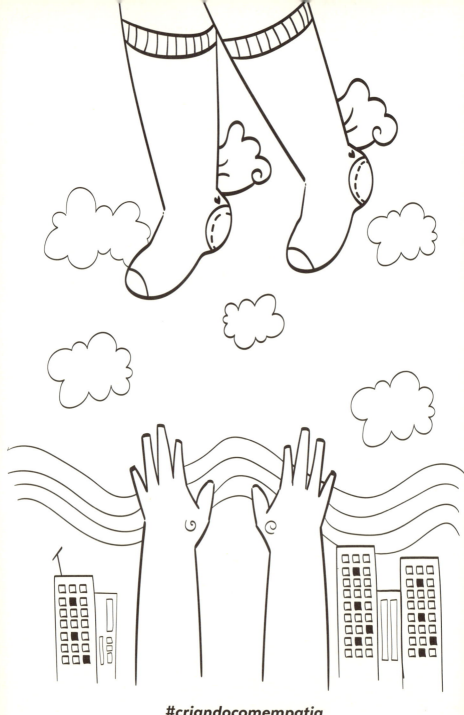

IV – PERNAS PRA QUE TE QUERO

O poder da ação

FEITO
É MELHOR DO QUE
PERFEITO.

Se depois de ler tudo isso você ainda achar que ser visitado pela criatividade é como receber um raio de iluminação divina, volte duas casas. Sim, no final do capítulo anterior, comentei que sua musa inspiradora está aí, dentro da sua cabeça, esperando uma oportunidade de clareza mental para dar um oi caloroso a você. No entanto, tem um detalhe importante: **ela precisa pegar você buscando soluções.**

Ideias vêm e vão conforme nossa mente vai liberando espaço do estresse e da rotina atribulada. Você precisa criar espaço para receber a visita gostosa da criatividade, aquela velha amiga que você não vê faz tempo. O segredo é manter um *approach* Dory (*Procurando Nemo*) na vida, "continue a nadar, continue a nadar", mesmo quando o mar estiver revolto.

Se você sentir que esbarrou em uma pedra maior do que a de costume, respire e limpe sua mente. Depois, entregue-se ao exercício da curiosidade e pare de se apoiar *"naquela velha opinião formada sobre tudo",* como diria o grande Raul Seixas.

Boas ideias se escondem atrás dos nossos olhos infantis. Chegou a hora de sair para brincar com sua criança interior!

CRIATIVIDADE NÃO EXISTE SEM CURIOSIDADE

Todos nascemos seres curiosos, crianças interessadas em aprender e questionar. Quem tem filhos vai se lembrar, com certeza, da fase dos "porquês". Queremos entender o mundo, as pessoas, os limites e tudo o que é possível realizar. Isso até o mundo chato dos adultos começar a tolher nossa curiosidade natural e nos adequar ao universo de regras e normas em que vivemos. Quem nunca ouviu ou disse a frase "A curiosidade matou o gato" para uma criança? Matamos não só o gato, como o próximo ser humano criativo.

É isso que acontece quando crescemos. Aos poucos, vamos perdendo essa curiosidade genuína pela vida – principalmente se não formos ensinados a cultivá-la.

Se você não sente vontade de investigar a fundo os processos que o cercam, que fazem seus olhos brilharem ou o coração bater acelerado, vai ser difícil receber a visita tão especial da criatividade.

A curiosidade genuína pelas pessoas e pelo mundo é o alimento para o seu repertório de novas percepções. É essa fome por conhecimento que irá ajudar o seu cérebro a reavaliar, religar e enxergar as coisas de uma nova maneira.

Uma pessoa curiosa está sempre dando de comer ao seu banco de referências. É esse alimento o responsável por abrir as portas da sua mente, fazendo-a crescer forte e cheia de novas experiências. A famosa expressão "pensar fora da caixa" é batida, mas perfeita como metáfora. O mundo que você deseja está lá fora e a maneira de chegar até ele é desenvolvendo uma perspectiva diferente da vida.

Se algo intriga você e chama a sua atenção, investigue o porquê. Faça perguntas, interaja com o assunto de uma maneira diferente. Seja um explorador! Catalogue informações, crie novos mapas mentais e permita-se mudar de ideia.

Einstein costumava dizer que nunca foi o mais inteligente entre os **seus colegas**, mas tinha certeza de que era o mais curioso. É para se **pensar, não?**

COMO DESCOBRIR SUA PAIXÃO?

Eu sei que o slogan "encontre a sua paixão" é o mantra da nossa geração. Sei também que, apesar de libertador, ele pode acabar causando um efeito totalmente contrário, gerando ainda mais angústia a cada ano que demoramos para encontrar aquilo que faz nosso coração bater mais rápido.

Em uma palestra para o SuperSoul Sessions, evento da apresentadora americana Oprah Winfrey, a escritora Elizabeth Gilbert (2015) lançou uma luz interessante sobre esse assunto: "*ao invés de seguir sua paixão, siga sua curiosidade. A paixão queima rápido, ela vai e vem. Curiosidade é tão acessível e disponível, está ali todos os dias da sua vida*".

Não poderia concordar mais com ela.

O melhor caminho para encontrar sua motivação criativa não é dar a largada com os olhos grudados na linha de chegada, aquela com a faixa amarelo-ovo com o escrito "PAIXÃO". Sabe por quê? Porque não é no objetivo final que você deve focar sua energia, e sim na corrida, no percurso que irá trilhar, passada após passada.

A pessoa criativa se interessa por tudo ao seu redor, ela estuda como louca, capta a energia do lugar onde está e de onde deseja estar. Ela aprende que sem se conectar com outros seres humanos vai ser muito difícil parir um projeto significativo e apaixonante.

Portanto, leia e escute histórias de desconhecidos com o coração aberto. Dedique-se a melhorar a sua técnica ou a sua arte pelo simples prazer que isso lhe proporciona. Conecte-se com o espaço onde você vive, jogue-se sem medo em mares nunca antes navegados e mergulhe tanto nas águas seguras quanto no mar desconhecido, sempre com a mesma intensidade.

Pavimente o caminho para que sua paixão encontre você!

"Ao invés de seguir sua paixão, siga sua curiosidade. A paixão queima rápido, ela vai e vem. Curiosidade é tão acessível e disponível, está ali todos os dias da sua vida."

Escreva em cada um desses coraçõezinhos ao lado as atividades que lhe dão prazer na vida, aquilo que move e inspira você.

Conforme você for realizando cada uma delas, arranque retângulo por retângulo, até sentir que completou a missão. Cole esses pedacinhos em sua agenda ou deixe-os bem visíveis para que você veja o quanto é capaz de realizar com a mente focada!

DESTAQUE aqui sua PAIXÃO

#criandocomempatia

FEITO É MELHOR DO QUE PERFEITO

Uma frase que sempre repito a ponto de estar sinceramente considerando tatuá-la em algum lugar do meu corpo é: **feito é melhor do que perfeito.**

A criatividade não vai esperar você estar pronto. Aliás, a verdade é que, por mais que você estude e se misture com o mundo, você nunca estará pronto. Tudo muda o tempo todo, sociedades, governos, políticas, o espírito do tempo.

A beleza do ser humano é a sua capacidade de ser adaptável. Conforme os anos forem passando, você irá mudar. Eu mesma costumo brincar que já devo ter vivido umas 4 ou 5 vidas diferentes nesses meus 37 anos. E isso é maravilhoso.

Na busca por uma existência mais criativa e em qualquer outra tarefa significante da sua vida, minha recomendação é uma só: **comece antes de estar pronto.**

A criatividade está na busca pela experiência. Está nos acertos e também nos erros. **Dê o salto entre quem você é e quem deseja ser.** Trabalhe todo dia com afinco, dedicação e amor, e a criatividade irá encontrar o canal até você.

Nada de ficar esperando sentado a grande oportunidade bater à sua porta. Nessa hora, reverter o famoso ditado popular é fundamental:

"QUEM ESPERA, NUNCA ALCANÇA!"

Encha os bolsos com amor-próprio, boas ideias para distribuir o bem pelo mundo e siga sem medo o *Manifesto por uma vida com mais ação*, da próxima página.

Recorra a ele sempre que precisar de uma dose extra de motivação!

MANIFESTO

por uma

Vida

com mais

AÇÃO

1. PARE DE PROCRASTINAR. FEITO É MELHOR DO QUE PERFEITO!

2. O COMEÇO É ONDE VOCÊ ESCOLHE COMEÇAR: NÃO HÁ PROBLEMA ALGUM EM COMEÇAR ANTES DE ESTAR PRONTO.

3. NÃO EXISTE 100% DE GARANTIA. PEGUE OS 20% QUE VOCÊ TEM E PARTA DAÍ.

4. ENTENDA E ACEITE QUE "VIVER É DESENHAR SEM BORRACHA", COMO JÁ DIZIA MILLÔR FERNANDES.

5. ERRE, MAS APRENDA COM OS ERROS. SÃO ELES QUE NOS LEVAM RUMO AO SUCESSO.

6. NÃO TENHA MEDO DE RECOMEÇAR.

7. SE PRECISAR DE UM TOQUE DE CORAGEM, FINJA QUE SABE O QUE ESTÁ FAZENDO. COM O TEMPO, ISSO SE TORNARÁ REALIDADE.

8. ÀS VEZES, O PONTO DE PARTIDA É CLARO, O DE CHEGADA, NÃO. "CONTINUE A NADAR."

9. SUJE AS MÃOS. PREOCUPE-SE COM A PERFEIÇÃO... NO DIA DE SÃO NUNCA.

10. QUANTO MAIS VOCÊ FAZ, MAIS VOCÊ DESEJA FAZER. ESSE É UM CÍRCULO DELICIOSAMENTE VICIOSO!

O ESCRITOR AMERICANO STEPHEN R. COVEY AFIRMA QUE APENAS UMA PEQUENA PARTE DOS ACONTECIMENTOS DE NOSSAS VIDAS DEPENDE DAS CIRCUNSTÂNCIAS. PARA ELE, SOMOS NÓS QUEM DECIDIMOS O QUE VAI ACONTECER CONOSCO. ELE BATIZOU ESTA IDEIA DE **PRINCÍPIO DO 90/10:**

"DOS 100% DAS COISAS QUE ACONTECEM EM NOSSO DIA, 10% NÃO ESTÃO SOB NOSSO CONTROLE. JÁ O QUE ACONTECE NOS OUTROS 90% É DE NOSSA RESPONSABILIDADE, OU SEJA, NÓS É QUEM PROVOCAMOS."

STEPHEN COVEY (2017), EMPRESÁRIO E AUTOR AMERICANO.

V – DEIXE QUE SEUS PÉS LEVEM VOCÊ AO SEU PRÓPRIO CAMINHO

O poder de uma vida autoral

"Se você passou a maior parte da vida se sentindo vítima das circunstâncias, vai ser difícil reconhecer que tem o poder de escolher o próprio caminho." – **Amy Morin (2015), psicoterapeuta.**

Na hora de agir, enfrentar o medo e arriscar viver uma vida mais criativa e autoral, a autossabotagem fica doidinha para mostrar as garras. O sentimento de impotência ou da falta de capacidade para realizar o que precisa ser feito, na hora de colocar o bloco da criatividade empática na rua, surge sorrateiramente, prontinho para dar o bote.

Ceder a essas emoções não vai levar você a dar o melhor de si na hora de tomar decisões. Pelo contrário, vai afastar você cada vez mais dos seus objetivos. É como se sua mente ficasse nublada pela dúvida e por sentimentos como incapacidade, raiva, solidão e autocomiseração.

Você pode pôr todo o trabalho dos quatro capítulos anteriores a perder se, por algum momento, sentir pena ou duvidar de si mesmo.

Que bom que minha missão aqui é não deixar que isso aconteça! Então, caso essa hora chegue, você só tem uma solução: se armar com o *Manifesto por uma vida com mais ação* do capítulo anterior e seguir com afinco as diretrizes a seguir.

DIRETRIZES PARA UMA VIDA MAIS CRIATIVAMENTE EMPÁTICA

1. LUTE POR VOCÊ, NÃO DEIXE SEUS SONHOS MORREREM NA PRAIA

Em 2013, a enfermeira australiana Bronnie Ware escreveu um livro chamado *The top 5 regrets of the dying* (2012) (Os cinco maiores arrependimentos de quem está morrendo). O livro teve como base um *post* feito no *blog* dela, *Inspiration and Chai*, sobre o seu cotidiano cuidando de doentes terminais em uma unidade de cuidados paliativos.

No livro, ela descobriu que as respostas para a pergunta "O que você gostaria de ter feito diferente?" eram sempre as mesmas, sendo a principal delas: **"Quem me dera ter tido a coragem de viver de acordo com as minhas convicções e não de acordo com as expectativas dos outros"**. *"Quando as pessoas percebem que sua vida está quase no fim e olham para trás, é fácil ver como muitos sonhos não foram realizados"*, disse Bronnie. *"A maioria das pessoas não tinha honrado nem metade dos seus sonhos e morreu sabendo que foi devido às escolhas que fizeram, ou não fizeram."*

O que nos angustia quando pensamos em mudar de carreira ou de direção na vida é a percepção antiga que temos de que nossas escolhas profissionais deveriam durar a vida toda, como as de nossos pais ou avós.

A questão é que essa não é mais a realidade faz tempo.

Vivemos em uma era de muitas oportunidades e possibilidades de escolha. Hoje em dia, é quase certo que iremos mudar de direção profissional pelo menos duas ou três vezes durante a vida.

Carreiras são transformadas conforme a tecnologia, a ciência e as relações interpessoais mudam. Não vivemos mais em uma era estática. Somos filhos do dinamismo do século XXI ou, como diz a coach de carreira (e webdesigner, musicista, diretora de filme, escritora, estudante de direito e empresária, ufa!) Emilie Wapnick, muitos de nós, somos *multipotentialite* ou "multipotenciais", numa tradução livre para o português.

Emilie é responsável por uma das palestras mais incríveis que já assisti no TED e que está indicada no final deste livro: "Por que alguns de nós não têm apenas um chamado de vida?".

Em sua palestra e em seu site *Puttylike, a home for multipotentialites*, ela discursa com absoluta lucidez sobre como somos condicionados desde pequenos a focar nossas expectativas criativas e de trabalho em direção a um único caminho. É a temida frase: "O que você vai ser quando crescer?".

No começo é uma pergunta inocente, feita para crianças que ainda podem exercitar sua imaginação e darem respostas divertidas como: astronautas, bombeiras ou bailarinas. Conforme os anos vão passando e a sociedade vai nos direcionando e condicionando, a brincadeira começa a ficar séria. O vestibular bate à porta e você tem de ser alguém que sabe exatamente o que deseja fazer durante toda a sua vida, sem nem ter saído da adolescência. Se você não souber, está "perdido". Carimbo em você!

Só que muitos não nascem com esse foco centrado, uma única paixão avassaladora na vida, nem são influenciados pelas carreiras dos pais ou pelas profissões "promissoras" do momento. A sociedade e o *status quo* trazem uma sensação de eterna inadequação, seja por sermos diferentes ou por amarmos e nos identificarmos com várias coisas ao mesmo tempo, gerando uma grande (e desnecessária) dose de ansiedade em nossa juventude.

Segundo Emilie: "*um multipotencial é alguém com muitos interesses e buscas criativas. É como se costumava dizer antigamente: uma pessoa da Renascença. Na verdade, durante o período renascentista, era considerado ideal ter esse interesse em múltiplas disciplinas.*"

Cada vez mais, essa é a nossa geração. Somos inquietos, rápidos e precisamos aprender a utilizar esses sentimentos a nosso favor, em vez de termos a sensação de estarmos sempre deixando alguma coisa para trás.

Toda mudança é desafiadora. É como se vivêssemos com um pé em cada barco. Mesmo com o antigo afundando, falta coragem de darmos o salto final rumo à nova embarcação.

Por isso é tão complicado emocionalmente mudar de carreira, seguir novas propostas de trabalho ou ir atrás dos sonhos depois de uma certa idade. É muito angustiante saber que estamos desperdiçando anos de conhecimento e prática em uma determinada área. Isso freia muitas mudanças potencialmente incríveis na vida das pessoas.

A lição aqui? **A vida fica muito mais fácil quando nos libertamos para sermos quem desejamos ser.** Por que então passar a vida toda tentando nos adequar ao que é esperado de nós? Mesmo que isso estraçalhe nossa alma, a longo prazo?

A vida é curta e preciosa. É impossível agradar a todos e só colecionar elogios e tapinhas nas costas. Orgulhe-se de ser diferente, de seguir sua musa inspiradora e honrar a criatividade inata dentro de você. Você pode fazer melhor.

Lembre que existe sempre a possibilidade de que a sua formação e trabalho anterior tenham a capacidade de ajudá-lo em muitos aspectos no seu novo caminho. Habilidades administrativas, contábeis, literárias, artísticas, empresariais e até jurídicas podem ser extremamente úteis, dependendo do que você deseja reconstruir.

Tenha em mente o seguinte: quanto mais você adiar a sua escolha e quanto mais a frase "e se..." ficar se repetindo na sua cabeça, menos tempo você terá para usufruir dessas novas possibilidades maravilhosas em sua vida. É como se você desdenhasse do seu tempo emprestado aqui na Terra.

2. ENFRENTE O MEDO E ABRACE AS MUDANÇAS

Não tenha medo de ser diferente, de agir diferente e de pensar diferente. Tenha como objetivo comunicar suas ideias e incentivar a interação entre as pessoas. Mentes similares têm uma tendência a se encontrar, já reparou? Seja você mesmo, coloque os seus pensamentos na rua, interaja sem medo de represálias e você encontrará sua tribo.

Mudar significa adaptar-se e, apesar de sermos uma espécie craque nisso, essa mudança não vem sem estar acompanhada de algumas emoções desagradáveis.

V – DEIXE QUE SEUS PÉS LEVEM VOCÊ AO SEU PRÓPRIO CAMINHO

Se tem uma coisa que aprendi nos últimos anos é que ajuda muito pôr tudo em perspectiva. Aliás, é fundamental para a sanidade mental. Um método muito bom para acalmar as emoções é a meditação, como já lhe mostrei no capítulo III.

Muitas vezes, confundimos o fato de corrermos riscos com imprudência. Temos a tendência a basear nossas decisões nas emoções, e não no pensamento lógico. Eu sei que quando misturamos a paixão nessa fórmula fica muito difícil raciocinar friamente. Só que é exatamente o que você precisa fazer.

Quando a coisa ficar feia e o céu ficar nublado, saia um pouco de cena e tente se lembrar de outras situações complicadas que já deram as caras em sua vida. Analisar os dias sombrios do passado, perceber que você conseguiu passar por eles e está bem agora traz uma lição valiosíssima: **nada é eterno, principalmente a dor**.

Toda dor é válida e pode transformar completamente a sua vida, portanto, nada de ignorá-la. Abrace com fé uma das melhores professoras que você terá.

Às vezes, acho que as pessoas não resistem à mudança, elas resistem à ideia de que elas sairão mudadas, durante o processo de transformação.

Quando a inspiração e a criatividade vierem derrubando tudo ao seu redor, abrace o medo e nine-o em seu coração.

Depois, deixe a coragem livre para sair e passear!

3. CORRA RISCOS, APRENDA COM OS ERROS E NÃO DESISTA AO PRIMEIRO FRACASSO

É fácil vermos com olhos grandes de mangá japonês aquela pessoa que parece ter tudo na vida e pensar: *"Que sorte ela teve! Olha só como tudo deu certo para ela"*. Ahhhh, se você soubesse a quantidade de "nãos" e de fracassos que essa pessoa já enfrentou na vida. Se tem uma característica que você deveria prestar atenção, em vez das suas aptidões "naturais" para o sucesso, é a capacidade das pessoas de serem resilientes.

Resiliência é um conceito psicológico emprestado da física e que pode ser definida como a capacidade das pessoas em lidar com os problemas, superar obstáculos ou resistir à pressão em situações adversas, como estresse, choque ou luto, sem entrar em surto psicológico.

Ser resiliente é conseguir tomar uma decisão quando nos deparamos com uma situação de conflito e tensão, tendo como guia para nos içar da "lama" a vontade de vencer e superar as dificuldades.

Basicamente, a pessoa resiliente acredita. Acredita que é capaz de superar qualquer obstáculo. Acredita em si mesma e no poder da ação. Pessoas assim não permitem que a opinião alheia ou as situações momentâneas definam quem elas são e o que vieram aqui para fazer. Elas se levantam quando caem, sem ignorar o que as derrubou. Analisam com calma a situação, reprogramam as metas e continuam em frente.

Os resilientes também costumam ser pacientes, outra grande qualidade das pessoas de sucesso. Histórias de que fulano deu certo da noite para o dia são histórias para boi dormir, como diria meu pai.

4. PACIÊNCIA, POR FAVOR

Não sei se é culpa da tecnologia e da velocidade em que o mundo opera hoje em dia, mas o fato é que o nível de paciência das pessoas caiu drasticamente. Temos apenas um ou dois segundos para cativar alguém no Instagram e no Facebook para que ela curta nossa foto ou postagem. Se você tem *blog* ou costuma ler *blogs* sabe que receber ou escrever um comentário é praticamente um milagre. O fato é que temos a atenção de uma mosca. Imagine, então, dar vida, ninar, nutrir, cair, levantar, repensar, redesenhar e continuar a caminhar com o seu projeto criativo no colo.

As pessoas tentam algo, por algumas semanas ou meses, e quando não recebem o resultado milagroso esperado (ou sonhado?),

V - DEIXE QUE SEUS PÉS LEVEM VOCÊ AO SEU PRÓPRIO CAMINHO

desistem. Quantas pessoas você conhece que iniciam e terminam projetos com a velocidade da luz? São os reis do Canvas, um conceito criado pelo americano John Smith, em 1956, chamado Business Model Canvas. O objetivo do canvas (tela, em português) é criar um plano estratégico ou plano de negócios no formato de um quadro, no qual você descreve, visualiza e avalia prós e contras, além dos riscos em seu novo investimento criativo.

O canvas ficou famoso no mundo todo porque é ágil, versátil, visual e permite que seja feito de forma colaborativa, com várias pessoas opinando, melhorando e transformando o projeto com suas ideias e experiências.

Até aí, tudo bem. É fundamental organizar os pensamentos e acredito que esse começo seja uma das partes mais divertidas do processo. O problema é que, quando as coisas começam a degringolar no decorrer da aventura (e elas vão precisar de muitos ajustes), as pessoas perdem o interesse, o gostinho de novidade e partem para outra.

Fico pensando que o mundo é um cemitério de boas ideias, a maioria abandonada pela total falta de habilidade de as pessoas se acalmarem e perceberem que bons projetos levam tempo para serem refinados e florescerem.

Se a paciência faltar no meio do caminho, meu conselho é apenas um: **confie em você, nos seus instintos.** Escreva detalhadamente como você pode se livrar e contornar aquele problema, quanto isso irá lhe custar (financeira e emocionalmente), quais são as probabilidades reais dessa mudança de percurso dar certo ou errado e, com base em fatos, e não em emoções, faça a escolha consciente de seguir andando ou de puxar o freio de mão. Você é a pessoa mais poderosa que irá conhecer, simplesmente porque você se conhece melhor do que ninguém, sabe exatamente o que motiva você e o que coloca um sorriso no seu rosto.

Quando o céu ficar escuro e os trovões surgirem no horizonte, liste todas as coisas que ajudarão você a enfrentar a tempestade iminente. Se tem alguém capaz de passar por isso, esse alguém é você!

CONCLUSÃO

DESCUBRA O QUE VOCÊ **AMA**, ENCONTRE O QUE O MUNDO **PRECISA** E **COMBINE OS DOIS.**

Durante nossa viagem por este livro, compreendemos a importância de enxergar a vida e as questões cotidianas com um olhar novo, criando novas percepções e histórias.

Também vimos que o poder do amor e da empatia são fundamentais para nos aproximarmos verdadeiramente do próximo e realizarmos mudanças reais no mundo e na vida das pessoas.

Aprendemos a lidar com o medo e a entender como ele e a ansiedade influenciam nossas decisões. Vimos o que podemos fazer para nos livrarmos dessas emoções ou, melhor ainda, usá-las a nosso favor.

E, por último, entendemos que o momento perfeito não existe. Você deve começar antes de estar pronto, caminhar com seus próprios pés e ajustar o percurso sempre que necessário.

A prática da criatividade empática é o caminho certo para um encontro feliz com a sua missão de vida. Quando você conseguir juntar inspiração, motivação pessoal e uma necessidade real de incluir o outro em sua jornada criativa, terá encontrado a fórmula do seu sucesso!

As pessoas acreditam que ouvir o chamado é como ter uma epifania. Um momento em que um raio cai em você e ilumina todo o seu futuro. Nada mais longe da verdade. Você só tem a sensação de epifania quando sua mente já está trabalhando, sendo curiosa, pesquisando e buscando transformação.

Na realidade, a descoberta de seu propósito de vida terá muito mais a ver com várias decisões intencionais e direcionais tomadas ao longo da sua vida do que com um único momento "Eureca!"

Quando encontramos nossa missão, percebemos que ela tem muito mais a ver com o outro do que com nós mesmos. Ninguém encontra a sua missão olhando para o próprio umbigo. Por isso, a criatividade empática é tão necessária nos dias de hoje, na era do individualismo e do narcisismo, em que apenas o prazer pessoal costuma comandar as ações do dia a dia.

Acredito que a vida individualizada está saturada ou em processo real de saturação. Basta ler no jornal ou nas redes sociais as notícias sobre grupos de proteção às minorias, sobre a vontade de empreender colaborativamente, incluindo o outro no processo de tomada de decisões e a busca pela igualdade de direitos.

COMO CHEGAMOS ATÉ AQUI

Uma pequena análise sociológica sobre nosso caminho até aqui é fundamental nesta parte em que amarro bem apertado todas as palavras escritas neste livro. É como dizia o seu professor de História: "Quem não conhece o passado está condenado a repeti-lo". É de extrema importância visualizarmos a linha que nos costura se quisermos contribuir para a criação de um novo mundo.

O processo de individualização extrema que observamos hoje foi iniciado lá na década de 1950, com a exacerbação do consumismo no pós-guerra e com a necessidade das pessoas reconstruírem suas vidas. De repente, tudo o que importava era vender e comprar. A economia mundial precisava se reerguer e assim o fez, apelando para que "coisas" completassem os buracos deixados nas pessoas pela guerra e pelas perdas. Todos desejavam que a vida voltasse a fazer sentido. Depois, vieram os anos 1980 e a deificação definitiva do capitalismo, a supervalorização do dinheiro a qualquer custo. O símbolo máximo pode ser observado no movimento *yuppie* americano. O lema era claro: **ter era melhor do que ser**. Obviamente, o destino desse caminho perigoso só poderia ser o nosso: a era das celebridades, das marcas e da "vida artificial" nos anos 2000.

CONCLUSÃO

Andamos 20 casas, ou melhor, anos para a frente e nos encontramos todos aqui nesse mesmo ponto. O domínio das redes sociais no nosso dia a dia é nossa realidade virtual. De repente, podemos acompanhar de perto a vida de pessoas antes inalcançáveis: atores, músicos e outras celebridades. O mistério acabou. Podemos copiar as roupas, o cabelo e a vida dos nossos ídolos, em vez de buscarmos nossos próprios caminhos.

Sim, eu sei. É um cenário pessimista, mas sei também que nada é preto ou branco.

Claro que as redes sociais têm muito valor, principalmente quando aproximam pessoas com os mesmos interesses ou problemas, não importando a distância. Elas também têm o poder de ajudar causas importantes (assista ao documentário #ChicagoGirl se puder, sobre uma garota que ajuda dos Estados Unidos um grupo que luta contra o terrorismo na Síria usando o Facebook). A questão é que essa proximidade também alterou nossa percepção sobre nossas próprias emoções. Quais são genuínas? Quais são manipuladas pela força das opiniões compartilhadas em massa por meio das redes sociais?

Você deve se lembrar do escândalo da pesquisa realizada em segredo pelo Facebook, descoberta em junho de 2014 (MEYER, 2014). Nela, 690 mil usuários da rede tiveram seus hábitos estudados por psicólogos a fim de descobrir qual o tipo de emoção poderia desencadear maior interação com o *feed* de notícias. Para isso, manipularam e colocaram notícias alegres e outras tristes em diferentes grupos de estudo, para descobrir quais as emoções mais contagiosas na rede. O resultado? Os participantes que viram *feeds* artificialmente mais positivos postavam atualizações de *status* mais felizes e pessoas com *feeds* mais tristes postavam mensagens mais amargas. Ou seja, temos uma prova estatística (mesmo com toda a polêmica sobre a invasão de privacidade que isso causou) de que as redes sociais afetam, sim, nossas emoções de forma semelhante à interação humana na vida real.

Complicado, não? Um exercício interessante é se fazer algumas perguntas. Quanto da sua vida tem como base em suas próprias ideias e compreensão das situações e pessoas, quanto é moldado pela opinião de terceiros?

Quanto maior a influência externa sobre o seu estado emocional, mais longe você fica de abrir a cabeça para a visita da criatividade. Tudo porque você deixa de ouvir seus próprios pensamentos e segue o bando que não necessariamente quer ir para o mesmo lugar que você.

O segredo é aproveitar melhor essa arma poderosa chamada internet. Trabalhe com ela a seu favor e não se deixe manipular. Aproxime-se e permita-se conhecer pessoas com potencial para fazer parte da sua tribo, por exemplo. Melhor ainda, **use-a para descobrir o que você ama, encontrar o que o mundo precisa e combinar os dois na sua jornada rumo ao seu propósito de vida.**

A sociedade muda, de tempos em tempos, como lhe mostrei nas últimas páginas, e são pessoas como você as agentes dessas mudanças.

Chegou a sua hora de entrar em ação!

UM ÚLTIMO E IMPORTANTE AVISO: CUIDADO COM A EMPATIA COMO MARKETING!

É claro que uma onda tão forte como a que estamos vendo nos últimos anos sobre empatia faz com que a gente tenha de aprender a separar o joio do trigo. Empatia também virou a palavra-chave do marketing hoje em dia. A ideia de que uma companhia possa olhar para o consumidor, com grandes olhos empáticos, e entender seus desejos talvez sirva apenas para que ela possa vender um outro par de sapatos. Olho aberto é bom!

CONCLUSÃO

Toda pessoa que idealiza um projeto deseja para ele uma vida longa e trabalha para que ele atinja e transforme a vida das pessoas para as quais foi desenvolvido, incluindo seu criador.

Não importa se a sua contribuição veste P, M ou G. A criatividade empática não deve ter os olhos voltados para o tamanho da sua empreitada num primeiro momento, e sim para a qualidade das suas ideias.

Se você se sentir desanimado, pense o seguinte: começar pequeno é bom, verdadeiro e controlável. Essa é uma ótima maneira de testar ideias, erros e acertos antes de dar um passo maior do que a perna. O psicólogo organizacional Karl Weick (1984) chama isso de "experimentos em miniatura". Eles servem para testarmos as teorias na prática, ajudando-nos a descobrir os obstáculos invisíveis, escondidos atrás da névoa perfeita dos nossos sonhos.

Você pode até achar que irá beneficiar apenas uma parte pequena do mundo com um início modesto. Só não se esqueça de que essa pequena parte tem o poder de influenciar algo um pouco maior, o tal efeito borboleta, lembra?

E pensar que tudo pode começar com uma pequena faísca aí dentro da sua cabeça...

VOCÊ ESTÁ PREPARADO PARA A VERDADEIRA REVOLUÇÃO?

Antes de dizer "até logo, boa sorte e dê cá um abraço", eu gostaria de deixá-lo com uma pergunta:

"O QUE É AQUILO QUE INSPIRA VOCÊ A CRIAR TODOS OS DIAS, QUE O MOTIVA A SER UMA PESSOA MAIS COMPREENSIVA, COM A POSSIBILIDADE DE FAZER DO MUNDO UM LUGAR MELHOR?"

Encontre esse ponto em comum e trabalhe diariamente para transformar esse "sonho" em realidade – afinal, o sonho nada mais é do que a criatividade procurando desesperadamente por você!

Você pode tudo o que quiser, basta ter coragem, obstinação e não deixar se abater com as dificuldades que irão aparecer. Já conversamos sobre isso por aqui, mas é importante relembrar: **não é porque é a sua missão de vida que virá sem obstáculos.**

Levante a cabeça, abra a mente e o coração e acolha a criatividade empática em seus braços. O projeto do mundo que você deseja já está aí dentro. **Construa-o!**

#criandocomempatia

Caderno de exercicios

EXERCÍCIOS DO CAPÍTULO I: O PODER DA PERCEPÇÃO E DA EMPATIA

1. TREINE SUA OBSERVAÇÃO E CURIOSIDADE

Chegou a hora de buscar na sua vida e no mundo ao seu redor os alimentos que irão ativar sua criatividade. Seu garfo e faca para essa tarefa serão: câmera fotográfica (pode ser a do celular mesmo), canetas coloridas, caderno, revistas, cola, tesoura e tudo mais que você conseguir imaginar para criar um PAINEL DE INSPIRAÇÃO!

Sua tarefa é deliciosamente simples: captar tudo que inspire você durante uma semana, a partir de segunda-feira. Pense em paisagens, objetos, matérias de revista, fotos, lugares, pessoas, atitudes, anote frases bacanas, trechos de livro inspiradores, letras de música, palavras... enfim, preste muita atenção ao que estiver a seu redor nesses sete dias!

Quando chegar o domingo, sente-se calmamente com todo o material coletado durante a semana e monte o seu painel de inspiração, com tudo o que você captou. Recomendo usar uma cartolina tamanho A2 ou algo que possa ser fixado na parede do seu quarto ou escritório.

Quando você observa de uma só vez todo o material, consegue perceber algum padrão? Qual foi o tema que mais atraiu você? Para onde seu olhar foi direcionado? Anote aqui três palavras ou padrões referentes à sua caçada criativa:

Você pode baixar gratuitamente um modelo de painel no link: http://www.editorasenacsp.com.br/livros/empatia/painel.pdf

Convido você a fotografar o seu painel de inspirações e postar as suas três palavras no seu Instagram ou *feed* do Facebook usando a *hashtag* #criandocomempatia.

Compartilhe seus *insights* com seus amigos, quem sabe a sua caçada não alimente o gênio criativo de outra pessoa, hein? Você também pode ser a inspiração de alguém ;)

2. FAÇA TUDO DIFERENTE!

Muitas vezes, nossa autopercepção criativa é desenvolvida na infância ou adolescência, mas esquecemos que estamos em constante crescimento, absorvendo o mundo e as ideias conforme seguimos.

Lembra que eu falei no capítulo I que o nosso cérebro prevê padrões e imagens para economizar energia? Viver no piloto automático pode até fazer o seu cérebro economizar uns trocados energéticos, mas esse comportamento muquirana é uma ameaça real e imediata à vida do seu gênio criativo.

Quando conseguimos olhar nosso gênio criativo de frente, nu com a mão no bolso, entendemos que ele pode vestir as roupas que desejarmos. Nós estamos no controle. Nós temos a capacidade de desenvolver uma mentalidade mais criativa.

Um bom exercício para reprogramar o cérebro é imaginar soluções diferentes para as mesmas questões do dia a dia, das mais simples às mais complexas, não importa.

Se você pudesse fazer algo de uma maneira diferente, como seria? Minha sugestão é que você se proponha desafios diários para criar novas ligações.

Listei algumas ideias e ações para você colocar em prática. Fique à vontade para fazer sua própria lista. Só lembre-se de se desafiar, ok?

Aprenda uma nova receita toda semana. Escreva uma carta à mão e envie. Assista ao nascer do sol. Use uma peça de roupa que você nunca teve coragem de usar antes. Leia um poema por dia durante um mês. Fale "bom-dia" para as pessoas na rua e veja quantas respondem de volta. Faça novos caminhos para ir aos lugares de sempre. Arrisque degustar um prato do qual você não seja fã. Viaje sozinho. Arrisque uma aula nova na academia. Realize um sonho de criança. Fale em alto e bom som aquilo que mais apavora você. Respire fundo por um minuto depois disso. Anote seus sonhos em um caderninho durante um mês. Leia um livro por semana. Tome coragem e sugira uma abordagem diferente na próxima reunião de trabalho. Saia da sua zona de conforto musical e escute novos artistas. Passe um dia inteiro em silêncio. No outro dia, convide os amigos mais próximos para um jantar na sua casa e faça uma festa sem motivo aparente. Compre uma refeição e ofereça para alguém que precise. Troque o metrô pelo ônibus ou vá trabalhar a pé. Da próxima vez que for ao parque caminhar, leve junto a bicicleta ou seus patins abandonados. Pinte a parede da sala de uma nova cor. Faça o que der na sua telha, sempre que puder.

Para aprimorar ainda mais esse exercício, convido você a preencher a tabela da próxima página, listando à esquerda a sua rotina ATUAL e, à direita, a sua rotina IDEAL, ou seja, quais seriam as suas prioridades se você pudesse viver com mais liberdade e criatividade.

Não se prenda ao passado na hora de definir suas habilidades criativas. É tudo uma questão de mudar a sua autoimagem. Você vai deixar que ela seja definida pelos outros, pelo seu passado ou vai perceber que você é quem você acredita ser?

ROTINA DO PILOTO AUTOMÁTICO

ROTINA DO GÊNIO CRIATIVO

MANHÃ

TARDE

NOITE

3. EMPATIA COMO FERRAMENTA DA CRIATIVIDADE

Você está envolvido em algum projeto interessante, próprio ou da empresa em que você trabalha, mas tem se deparado com a estagnação, sem saber como seguir em frente? A empatia, como você viu no capítulo I, pode ser a grande chave que irá destravar o bloqueio criativo. Um bom projeto deve ser sempre ancorado em um profundo entendimento das questões, dores e necessidades da pessoa a quem ele se destina.

Uma das maneiras para injetar criatividade e entender melhor como o seu projeto irá se comportar no mundo real (e como ele poderá ajudar a resolver problemas e transformar pessoas) é usar o mapa da empatia. Ele é uma ferramenta poderosa que irá auxiliar você a organizar as suas observações e a registrar os *insights* inesperados que irão aparecer quando você fizer essa imersão no outro.

É bem fácil usar esse mapa, quer ver?

Crie um *layout* em uma folha A4 com quatro quadrantes:

PALAVRAS:

QUANDO VOCÊ CONTA SUA IDEIA PARA AS PESSOAS QUE SE BENEFICIARÃO DESSE PROJETO, QUAIS SÃO AS FRASES, CITAÇÕES E PALAVRAS QUE SURGEM?

AÇÕES:

QUAIS COMPORTAMENTOS E ATITUDES VOCÊ OBSERVOU NESSAS PESSOAS AO EXPLICAR A SUA IDEIA? SORRISOS? ELAS FICARAM COM VONTADE DE CONTAR PARA MAIS GENTE? OU DEMONSTRARAM DESÂNIMO OU MEDO?

PENSAMENTOS:

O QUE SEU PÚBLICO ESTÁ PENSANDO? O QUE ELES ACHAM DO PROJETO? O QUE ESSES PENSAMENTOS DIZEM SOBRE AS CRENÇAS E NECESSIDADES DELES? GOSTARAM DA IDEIA? TÊM SUGESTÕES PARA MELHORÁ-LA?

SENTIMENTOS:

QUAIS EMOÇÕES O SEU PÚBLICO EMANA? EMPOLGAÇÃO? DÚVIDA? MEDO?

DICA: perceba que os sentimentos não podem ser observados diretamente. Eles se "escondem" atrás de dicas como linguagem corporal, tom de voz e escolha de palavras.

Escreva seus *insights* no mapa a seguir.

CRIANDO COM EMPATIA

VAMOS LÁ? PREPAREI UM MAPA DA EMPATIA PARA VOCÊ USAR SEMPRE QUE FOR REALIZAR A SUA PESQUISA CRIATIVA!

mapa da empatia

PALAVRAS

AÇÕES

PENSAMENTOS

_____
_____
_____
_____
_____
_____

SENTIMENTOS

_____
_____
_____
_____
_____
_____

EXERCÍCIO DO CAPÍTULO II:
O PODER DO AMOR

A criatividade é a sua personalidade amplificada, já pensou nisso? Daí a importância de aprender a se observar. Para isso, quero que você responda com a maior honestidade que seu gênio encontrar nas entranhas a seguinte entrevista... com você mesmo!

1) LISTE 5 CARACTERÍSTICAS PESSOAIS QUE VOCÊ ACREDITA QUE AJUDEM O SEU GÊNIO CRIATIVO:

2) PEÇA PARA 3 PESSOAS (AMIGOS/FAMILIARES) LISTAREM 3 CARACTERÍSTICAS PESSOAIS BACANAS QUE ELAS VEEM EM VOCÊ:

1

3) AGORA COMPARE AS SUAS 5 CARACTERÍSTICAS COM AS 9 LISTADAS PELAS SUAS PESSOAS PRÓXIMAS.

Faça um círculo nas características que se repetem. Faça dois círculos nas inéditas!

AO COMPARAR ESSAS LISTAS, VOCÊ IRÁ PERCEBER MUITAS COISAS SOBRE A SUA PERSONALIDADE CRIATIVA.

MUITAS VEZES NÃO PERCEBEMOS A IMAGEM QUE PROJETAMOS OU QUE É PERCEBIDA PELOS OUTROS. NORMALMENTE, NOSSA AUTOIMAGEM LIMITA O QUE PODEMOS OU NÃO FAZER CRIATIVAMENTE.

JÁ PENSOU NISSO?

4) QUAIS SÃO AS SUAS CRENÇAS SOBRE A SUA CAPACIDADE CRIATIVA?

5) POR QUE VOCÊ TEM ESSAS CRENÇAS? ELAS VÊM DA ESCOLA, DOS SEUS PAIS, DAS SUAS EXPERIÊNCIAS NO MERCADO DE TRABALHO? DA OPINIÃO DE TERCEIROS?

6) QUAIS DESSAS CRENÇAS SÃO BENÉFICAS E SERVEM BEM À SUA CRIATIVIDADE?

7) QUAIS DESSAS CRENÇAS SÓ ATRAPALHAM A SUA JORNADA CRIATIVA?

8) AGORA O GRANDE PULO DO GATO: SE VOCÊ PUDESSE (E A VERDADE É QUE VOCÊ PODE) FAZER ALGO PARA TRANSFORMAR ESSAS CRENÇAS LIMITANTES SOBRE A SUA CRIATIVIDADE EM CRENÇAS ESTIMULANTES, O QUE VOCÊ FARIA? QUAL MUDANÇA DE COMPORTAMENTO, PENSAMENTO OU ATITUDE RESOLVERIA ESSES OBSTÁCULOS? DICA: PROVAVELMENTE É ALGO QUE VOCÊ TEM MEDO DE FAZER.

EXERCÍCIO DO CAPÍTULO III:
O PODER DE ESTAR PRESENTE

Quando você altera a sua percepção das coisas do dia a dia e repousa a mente para digerir todo esse novo material, é comum que você comece a identificar os pensamentos que estão atrapalhando a sua jornada criativa.

Muitas vezes entramos no piloto automático e nem percebemos o quanto muitos dos nossos pensamentos corriqueiros nos fazem mal. É como se o seu pensamento ficasse preso ao que você já está acostumado. Suas redes neuronais fortalecem essa negatividade e, de forma automática, ativam-se, gerando pensamentos desagradáveis toda vez que determinado desafio ou situação criadora de tensão dá as caras.

O lado bom é que você não é escravo disso! É possível, sim, mudar seus padrões de pensamento e, por consequência, mudar a sua realidade. Você cria a sua história, lembra? Ao mudar a sua maneira de pensar diante das dificuldades, o seu estado emocional também irá se adaptar, assimilando essa nova forma de ver o mundo e incorporando tudo isso à sua aprendizagem criativa.

Uma excelente maneira de quebrar esses padrões negativos é direcionar a sua atenção para as coisas que irão fazer você seguir em frente na sua jornada criativa. Traduzindo: **é preciso aprender a praticar o foco positivo!**

Para isso, preparei um exercício ótimo para você realizar em qualquer momento do dia que sentir sua mente puxando você para o lado negro da força. Tudo o que você precisa é relaxar e deixar a respiração tranquila, ok?

8 PASSOS PARA A PRÁTICA DO FOCO POSITIVO

Liberte-se dos bloqueios criativos e da negatividade

Feche os olhos e respire fundo algumas vezes, relaxando o corpo e a mente.

PRIMEIRO PASSO: quando estiver bem calmo, pense em algo que anda bloqueando sua criatividade. Imagine um objeto ou cena que represente esse bloqueio. Repare em cada detalhe: qual a cor, qual o tamanho, qual o cheiro? A imagem vem acompanhada de alguém em especial? Quem é essa pessoa? O que ela está dizendo?

SEGUNDO PASSO: foi a primeira vez que você se sentiu assim? Ou esse bloqueio já apareceu antes? Caminhe para trás com a mente até encontrar, se possível, a primeira vez que você deu de cara com essa situação.

TERCEIRO PASSO: como é a cena dessa primeira aparição do bloqueio? Talvez ela seja diferente da situação que você enfrenta agora. Perceba as diferenças entre elas.

QUARTO PASSO: preste atenção se a cena gera alguma reação física no seu corpo. Você sente ansiedade? Alguma tensão no pescoço? A dica aqui é observar essas reações com distanciamento, como se você estivesse se vendo de fora, sabe? Não deixe sua mente ficar tentando combater essas sensações. Apenas as observe e deixe que elas vão embora, como nuvens no céu.

QUINTO PASSO: agora repare nas coisas positivas que essa cena ou situação poderiam trazer à sua vida. Lembre-se, nada é preto ou branco. Para tudo na vida existe um lado bom, uma chance de aprendizado e uma oportunidade para a mudança. Como você poderia tirar um proveito positivo dessa cena? Existe alguma lição a ser aprendida? Um posicionamento diferente, quem sabe? Preste atenção na mudança de reações físicas e emocionais quando você leva sua atenção para o lado positivo dessa cena. Você sente um alívio, um amenizar nas tensões?

SEXTO PASSO: consciente das diferenças físicas e emocionais que o foco negativo e positivo provocam em você, pergunte-se: *"Qual o benefício de manter sua atenção nas coisas que deram errado ou que lhe causam ansiedade e frustração?"*.

SÉTIMO PASSO: imagine um quadro em branco. Escreva nele todas as coisas, palavras, pessoas ou situações relacionadas ao bloqueio que você deseja apagar. Agora imagine que um apagador apareça nas suas mãos. Item por item, apague toda a lista. Ao final, empurre o quadro branco e imagine ele caindo num precipício sem fim.

OITAVO PASSO: respire fundo e imagine que a cena que lhe causava bloqueio e ansiedade se transformou como num passe de mágica em uma praia deserta, com ondas tranquilas e um sol agradável. Um paraíso tropical. O seu paraíso. Fique nesse estado calmo e gostoso por algum tempo. Depois, abra os olhos e mova-se lentamente. Leve o tempo que achar necessário para digerir tudo o que foi visualizado nesse exercício.

Baixe o áudio dessa meditação gratuitamente acessando o link: http://www.editorasenacsp.com.br/livros/empatia/meditacao.mp3.

EXERCÍCIO DO CAPÍTULO IV:
O PODER DA AÇÃO

"O melhor modo de começar é se atirar. Como acontece quando queremos entrar no mar. Nada de ir na ponta dos pés. Nada de saltitar. Mergulhar. Ficar molhado e com frio da cabeça aos pés. Cuspir o sal, tirar o cabelo da testa e dar braçadas e mais braçadas. Sentir o frio mudar. Não olhar para trás, nem pensar adiante. Simplesmente ir." – **Kevin Ashton (2016), empresário americano.**

Gostaria de propor uma "brincadeira". O objetivo aqui é desmistificar o impacto que um problema pode ter na sua vida, e vamos fazer isso de maneira bem lúdica, tirando a máscara do bicho-papão. Para isso, você vai usar o desenho das próximas páginas como guia.

A ideia é simples. Na parede de tijolos, você vai escrever em cada um deles aquilo que está bloqueando o seu projeto, a sua ideia criativa. Use quantos tijolos desejar.

Quando terminar, eu quero que você fique alguns minutos olhando para a sua parede de problemas. É exatamente assim que nos sentimos, certo? Como se existisse uma parede real entre nós e nossos objetivos. Intransponível, maciça.

Só tem um detalhe. Esquecemos que, muitas vezes, não é preciso derrubar essa parede para seguirmos em frente, mas é possível, sim, construirmos uma escada e escalar esse muro. É exatamente isso que você vai fazer a seguir!

Depois de passar um tempo refletindo sobre os tijolos que compõem a sua parede de obstáculos, eu quero que você escreva nos degraus da escada amarela as formas pelas quais você pode resolver cada um dos problemas descritos nos tijolos, construindo, degrau por degrau, uma nova oportunidade para enxergar a paisagem dos sonhos do outro lado desse muro.

A cada solução encontrada, pinte o tijolo que representava o problema de preto.

Como você vai fazer essa escalada é com você. Vai ser degrau por degrau? Do primeiro (mais fácil) até o último (o mais difícil)? Vai pular de dois em dois se perceber que a coisa não é tão cabeluda de se resolver?

O importante é perceber que qualquer problema tem solução, que você consegue transpor esse muro conforme derruba problema por problema. Para qualquer muro que apareça na sua vida, existe uma maneira de construir escadas e, nesse caminho, você terá a oportunidade de exercitar seu gênio criativo na busca de maneiras diferentes de fazer a mesma coisa.

GIRE A PRÓXIMA PÁGINA E BOA ESCALADA!

SOLUÇÃO 6

SOLUÇÃO 5

SOLUÇÃO 4

SOLUÇÃO 3

SOLUÇÃO 2

SOLUÇÃO 1

PROBLEMA

PROBLEMA

PROBLEMA

PROBLEMA

PROBLEMA

PROBLEMA

PROBLEMA

PROBLEMA

PROBLEMA

PROBLEMA

PROBLEMA

PROBLEMA

EXERCÍCIO DO CAPÍTULO V: O PODER DE UMA VIDA AUTORAL

Parafraseando os Titãs: *"Você tem medo de quê? Você tem fome de quê?"*.

O último exercício deste livro exige que você respire fundo e encare seus medos de frente, dando nome aos monstros que se alimentam da ansiedade que surge toda vez que você pensa em viver mais criativamente. Uma vida autoral e criativa só acontece quando nos libertamos das amarras que nos prendem ao passado, aos traumas, às opiniões alheias.

A seguir, eu quero que você liste todas as coisas da sua rotina que você sente que bloqueiam a sua criatividade. Exemplo: "falta de tempo para mim", "medo de não conseguir me sustentar financeiramente"...

Depois, liste uma atitude e uma ação positiva para cada um desses medos. Exemplo: "separar uma hora do meu dia para alguma atividade que traga satisfação pessoal (cursos, aulas, ginástica)", "dar pequenos passos: começar um projeto pessoal nas horas vagas que me renda algum $$$".

Seja honesto com você, tire os monstros de debaixo da cama e olhe de frente para eles. Você vai ver que, muitas vezes, eles são excelentes oportunidades para você fitar o seu gênio com coragem e encontrar brechas na rotina para ativar a sua vida com mais ações criativas!

AÇÕES BLOQUEADORAS DA MINHA CRIATIVIDADE

AÇÕES LIBERTADORAS DA MINHA CRIATIVIDADE

CAIXA DE FERRAMENTAS DO SEU GÊNIO CRIATIVO

Antes de me despedir de você, queria deixar algumas ferramentas, *on-line* e *off-line*, para você buscar por criatividade e empatia para além desse livro. Seguem alguns jogos e aplicativos para ajudar você a pensar diferente e, claro, se divertir no processo!

JOGOS

Criatividade e comunicação:
Imagem e ação;
Cranium.

Raciocínio e empatia:
O que você faria?

APPS

Treinar atenção e foco:
Lumosity;
Little Things Forever.

Meditação:
Zen;
Headspace.

REFERÊNCIAS, DOCUMENTÁRIOS E SITES RECOMENDADOS

REFERÊNCIAS

ASHTON, K. **A história secreta da criatividade**. Rio de Janeiro: Sextante, 2016.

BERNS, G. **O iconoclasta**: um neurocientista revela como pensar diferente e realizar o impossível. Rio de Janeiro: Best Business, 2009.

BOTTON, A. de. Uma filosofia de sucesso mais gentil. **TED**. Disponível em: https://www.ted.com/talks/alain_de_botton_a_kinder_gentler_philosophy_of_success. Acesso em: 31 out. 2019.

BROOKS, X. Bergman talks of his dreams and demons in rare interview. **The Guardian**, 12 dez. 2001. Disponível em: https://www.theguardian.com/film/2001/dec/12/news.xanbrooks. Acesso em: 11 nov. 2019.

COHEN, P. Mental gymnastics increase bicep strength. **New scientist**, 21 nov. 2001. Disponível em: https://www.newscientist.com/article/dn1591-mental-gymnastics-increase-bicep-strength/. Acesso em: 11 nov. 2019.

COINS, J. **The art of work**: a proven path to discovering what you were meant to do. California: HarperCollins, 2015.

COVEY, S. **Os 7 hábitos das pessoas altamente eficazes**. Rio de Janeiro: Best Seller, 2017.

CURY, A. **Gestão da emoção**: crescendo com a crise. São Paulo: Benvirá, 2015.

DE MASI, D. **O ócio criativo**. Rio de Janeiro: Sextante, 2001.

DICIO: dicionário on-line de português. Disponível em: https://www.dicio.com.br/. Acesso em: 11 nov. 2019.

DICIONÁRIO INFORMAL. Disponível em: https://www.dicionarioinformal.com.br/. Acesso em: 11 nov. 2019.

DOIDGE, N. **O cérebro que se transforma**: como a neurociência pode curar as pessoas. Rio de Janeiro: Record, 2011.

DUCKWORTH, A. L. A chave para o sucesso: determinação! TED. Disponível em: https://www.ted.com/talks/angela_lee_duckworth_the_key_to_success_grit?language=pt-br. Acesso em: 31 out. 2019.

DUCKWORTH, A. L. **Garra**: o poder da paixão e da perseverança. Rio de Janeiro: Intrínseca, 2016.

DUHIGG, C. **O poder do hábito**: por que fazemos o que fazemos na vida e nos negócios. Rio de Janeiro: Objetiva, 2012.

FERGUSON, K. Abrace o remix. **TED**. Disponível em: http://www.ted.com/talks/kirby_ferguson_embrace_the_remix. Acesso em: 31 out. 2019.

FLINTOFF, J. P. **Como mudar o mundo**. Rio de Janeiro: Objetiva, 2012.

GILBERT, E. **Grande magia**: vida criativa sem medo. Rio de Janeiro: Objetiva, 2015.

REFERÊNCIAS, DOCUMENTÁRIOS E SITES RECOMENDADOS

GILBERT, E. Seu gênio criativo escorregadio. **TED**. Disponível em: http://www.ted.com/talks/elizabeth_gilbert_on_genius. Acesso em: 31 out. 2019.

GILBERT, E. Sucesso, fracasso e a motivação para continuar criando. **TED**. Disponível em: https://www.ted.com/playlists/152/what_is_success. Acesso em: 31 out. 2019.

GILBERT, E. The flight of the hummingbird: the curiosity-driven life. **Super soul sessions**, sessão 1, episódio 110, 10 jul. 2015. Disponível em: http://www.oprah.com/own-supersoulsessions/elizabeth-gilbert-the-curiosity-driven-life-video. Acesso em: 11 nov. 2019.

GOLEMAN, D. **Foco**: a atenção e seu papel fundamental para o sucesso. Trad. Cássia Zanon. Rio de Janeiro: Objetiva, 2014.

GOLEMAN, D. **Inteligência emocional**. Trad. Marcos Santarrita. Rio de Janeiro: Objetiva, 1996.

GOMPERTZ, W. **Pense como um artista...** e tenha uma vida mais criativa e produtiva. Rio de Janeiro: Zahar, 2015.

GOSWAMI, A. **Criatividade para o século 21**: uma visão quântica para a expansão do potencial criativo. São Paulo: Aleph, 2015.

GRANT, A. **Originais**: como os inconformistas mudam o mundo. Rio de Janeiro: Sextante, 2017.

HEFFERNAN, M. Ouse discordar. **TED**. Disponível em: http://www.ted.com/talks/margaret_heffernan_dare_to_disagree/transcript?language=en. Acesso em: 31 out. 2019.

HOFFMAN, D. Nós enxergamos a realidade como ela é? **TED**. Disponível em: http://www.ted.com/talks/donald_hoffman_do_we_see_reality_as_it_is. Acesso em: 31 out. 2019.

JAMES, O. **Como desenvolver saúde emocional**. Rio de Janeiro: Objetiva, 2015.

JOHNSON, S. De onde veem as boas ideias. **TED**. Disponível em: http://www.ted.com/talks/steven_johnson_where_good_ideas_come_from. Acesso em: 31 out. 2019.

KAHNEMAN, D. **Rápido e devagar**: duas formas de pensar. Rio de Janeiro: Objetiva, 2012.

KELLER, H. **The open door**. New York: Doubleday, 1957.

KELLEY, T.; KELLEY, D. **Confiança criativa**: libere sua criatividade e implemente suas ideias. Rio de Janeiro: Alta Books, 2019.

KLEON, A. **Roube como um artista**: 10 dicas sobre criatividade. Rio de Janeiro: Rocco, 2013.

KRZNARIC, R. **O poder da empatia**: a arte de se colocar no lugar do outro para transformar o mundo. Rio de Janeiro: Zahar, 2015.

LUCHESI, M. Millennials: quais os benefícios mais valorizados na procura por emprego? **Consumidor Moderno**. Disponível em: https://www. consumidormoderno.com.br/2019/04/22/millennials-beneficios-trabalho. Acesso em: 11 nov. 2019.

MEYER, R. Everything we know about facebook's secret mood manipulation experiment. **The Atlantic**, 28 jun. 2014. Disponível em: https://www. theatlantic.com/technology/archive/2014/06/everything-we-know-about-facebookssecret-mood-manipulation-experiment/373648/. Acesso em: 11 nov. 2019.

MORIN, A. **13 coisas que as pessoas mentalmente fortes não fazem**: como superar atitudes autodestrutivas e enfrentar as dificuldades sem se deixar abater. Rio de Janeiro: Sextante, 2015.

PARTRIDGE, D. **People over profit**: break the system, live with purpose, be more successful. Grand Haven: Thomas Nelson on Brilliance Audio, 2015.

RICARD, M. O hábito da felicidade. **TED**. Disponível em: https://www.ted.com/talks/matthieu_ricard_on_the_habits_of_happiness. Acesso em: 31 out. 2019.

RIFKIN, J. The empatic civilization. **TED**. Disponível em: http://www.ted.com/talks/jeremy_rifkin_on_the_empathic_civilization?language=en. Acesso em: 31 out. 2019.

SCHWARTZ, B. A maneira como encaramos o trabalho está quebrada. **TED**. Disponível em: http://www.ted.com/talks/barry_schwartz_the_way_we_think_about_work_is_broken#t-371965. Acesso em: 31 out. 2019.

TERUYA, A. K. et al. Neurônios-espelho, c. 2014. **Neurociências em debate**. Disponível em: http://cienciasecognicao.org/neuroemdebate/?p=1590. Acesso em: 11 nov. 2019.

WAPNICK, E. Por que alguns de nós não têm apenas um chamado de vida? **TED**. Disponível em: https://www.ted.com/talks/emilie_wapnick_why_some_of_us_don_t_have_one_true_calling/transcript?6&language=pt-br. Acesso em: 31 out. 2019.

WARE, B. **The top 5 regrets of the dying**: a life transformed by the dearly departing. Carlsbad: Hay House, 2012.

WEICK, K. E. Small wins: redefining the scale of social problems. **American Psychologist**, v. 39, jan. 1984.

DOCUMENTÁRIOS

#CHICAGOGIRL, the social network takes on a dictator. Direção: Joe Piscatella. Produção: Joe Piscatella e Mark Rinehart. Síria/USA: 2013. DVD (74 min), son., color.

Cosmos: a spacetime odyssey. Produção de Livia Hanich, Steven Holtzman e Jason Clark. Califórnia/New México: Cosmos Studios, Fuzzy Door Productions e Santa Fe Studios, 2014. Série (13 episódios, 41 a 44 min), son., color.

Metrópolis. Direção: Fritz Lang. Produção: Erich Pommer. Alemanha: UFA, 1927. (44 min.), mudo, p&b.

O sal da Terra. Direção: Wim Wenders e Juliano Salgado. Produção: Wim Wenders, David Rosier. Brasil/França, 2014 (110 min), son., p&b/col.

Quem somos nós. Quantum Edition. Direção: Betsy Chasse, William Arntz e Mark Vicente. USA: Captured Light/Lord of the Wind, 2004 (109 min), son., p&b/col.

SITES RECOMENDADOS

Empathy Library. Disponível em: http://empathylibrary.com/. Acesso em: 31 out. 2019.

Puttylike, a home for multipotentialites. Disponível em: http://puttylike.com. Acesso em: 31 out. 2019.

AGRADECIMENTOS

BIA AGRADECE:

À Editora Senac, pela oportunidade incrível de levar esse trabalho para as jovens mentes que ajudarão a construir o futuro do trabalho e as relações empáticas pelo mundo.

À Rê Montenegro, pela parceria de anos nesse projeto, pela confiança e pelo carinho com que criou cada uma das ilustrações deste livro.

Ao meu marido, Fred Barion, o primeiro leitor de todos os meus devaneios, meu amor, principal *cheerleader* e meu parceiro no crime criativo <3

Ao meu filho Pietro, por me fazer sempre manter um olho na juventude e outro no *zeitgeist* do mundo. Eu aprendo tanto com você!

À minha mãe, por sempre mostrar que nunca é tarde demais para recomeçarmos na vida, e ao meu pai, por sempre ter me instigado a ser diferente, pensar diferente e a desejar a liberdade de voo acima de todas as coisas. Se eu voo alto, é por você.

RENATA AGRADECE:

À Bia pela amizade, pelos ensinamentos e pela oportunidade de fazer parte de tão gratificante projeto; às amigas; ao meu companheiro e à minha mãe Edna, pelo apoio e pelo incentivo de toda minha vida.

Se você curtiu este livro e quer ler mais sobre *life design*, vida criativa e autoral, que tal conhecer meus outros sites?

http://www.incendeieseugeniocriativo.com.br

Você também pode me seguir nas redes sociais e ficar por dentro das notícias e lançamentos de novos projetos:

http://www.facebook.com/incendeieseugeniocriativo

http://www.instagram.com/incendeieseugeniocriativo

http://www.youtube.com/c/incendeieseugeniocriativoja

Para conhecer mais sobre o lindo trabalho de ilustração feito pela Renata Montenegro, acesse:

http://artede.mulhervitrola.com.br

http://www.instagram.com/mulhervitrola

http://www.twitter.com/mulhervitrola

Sinta-se à vontade para compartilhar as ideias deste livro com amigos, familiares e conhecidos. Só peço que você não esqueça de usar a *hashtag* #criandocomempatia. Assim posso acompanhar de perto você, seus progressos e o caminho que este pequeno livro pode percorrer.